मैं
राम
बोल
रहा
हूँ

मैं राम बोल रहा हूँ

(तुलसीकृत रामचरितमानस से)

सं. प्रमोद कुमार अग्रवाल

प्रतिभा प्रतिष्ठान, नई दिल्ली

प्रकाशक : **प्रतिभा प्रतिष्ठान,**
694-बी (निकट अजय मार्केट), चावड़ी बाजार, दिल्ली-110006
 / संस्करण : 2025 / मूल्य : दो सौ रुपए
मुद्रक : सीता फाईन आर्ट, प्रा॰ लि॰, दिल्ली ISBN 978-93-83111-37-4

MAIN RAMA BOL RAHA HOON
Ed. Pramod Kumar Agrawal ₹ 200.00
Published by **PRATIBHA PRATISHTHAN**
694-B (Near Ajay Market), Chawri Bazar, Delhi-110006

पुरुषोत्तम राम

गोस्वामी तुलसीदास कृत रातचरित मानस में भी अन्य रामायणों की भांति राम घीरोदात्त नायक हैं उनका जीवन समस्त भारतीयों के लिए एक आदर्श जीवन है। वे एक आदर्श पुत्र, आदर्श भाई, आदर्श मित्र तथा आदर्श राजा हैं। वे स्नेहशील एवं कर्तव्यनिष्ठ पति हैं। साहस एवं पराक्रम के अद्वितीय योद्धा होने के बावजूद वे अपने शत्रुओं के प्रति मन में क्रोध नहीं रखते तथा मरने के बाद उनको भी अपने लोक भेज देते हैं। राम शील और कर्तव्य के प्रतीक हैं।

परिवार में जन्म लेते ही प्रत्येक बालक को राम की भांति बनने की प्रेरणा दी जाती है। उनकी दिनचर्या बालकों के लिए भी आदर्श है—

प्रातकाल उठि कै रघुनाथा। मातु पिता गुरु नावहि माथा॥

इसका फल यह होता है—

गुरु गृहँ गए पढ़न रघुराई। अल्पकाल विद्या सब पाई॥

यह ही उनके चरित्र में कुछ जादू था कि उनके छोटे भाई भी उनके केवल आज्ञाकारी ही नहीं, परम सेवक थे। अयोध्यावासी बचपन से ही उन्हें अपना शासक मानने लगे थे। ऐसे उदात्त पुरुष का कथन भारतीयों के लिए अंतिम वाक्य है। उनके कथन भारतीय सांस्कृति की सार्वकालिक धरोहर हैं। आजकल की भागती जिंदगी में लोगों के पास समय कम है। यदि वे संपूर्ण रामचरितमानस का पठन-पाठन न कर सकें तो कम-से-कम रामचरितमानस से राम के कथन तो आत्मसात कर लें तथा अपने व्यक्तित्त्व में निखार लाएँ।

वैसे तीन सौ से अधिक रामायणें हैं। विभिन्न लोकगीतों, संगीत, मूर्तिकला, स्थापत्य कला, चित्रकला, नाटकों, रामलीलाओं तथा विभिन्न दृश्य-श्रव्य माध्यमों में राम का चरित्र भिन्न-भिन्न प्रकार से चित्रित हुआ है। इनमें राम के दो चरित्र अत्यंत लोकप्रिय हैं—

संस्कृत रामायण में वर्णित वाल्मीकि के राम तथा रामचरितमानस में तुलसी के राम। तुलसी के पुरुषोत्तम राम अधिक लोकप्रिय हैं क्योंकि तुलसी ने गुलामी के समय घोर कलियुग में उनकी अवधारणा की पर उनका चरित्र मर्यादित है। वे शील के प्रतिनिधि हैं तथा कर्तव्य अर्थात धर्म के पालक हैं। वे अपनी सौतेली माँ कैकयी के मुख से पिता की आज्ञा सुनकर ही वन चले गए जिस दिन उनका राजतिलक होनेवाला था। ऐसे महान् मानव-व्यक्तित्त्व ने पग-पग पर ऐसे विचार व्यक्त किए हैं जो सर्वग्राह्य एवं चिरंतन हैं। वैसे राम कथनी से अधिक करनी में विश्वास करनेवाले लोकनायक हैं। मैंने राम के कथन को उद्धृत करते समय संबंधित प्रकरण का समग्र वर्णन नहीं किया क्योंकि भारतीय जनता रामचरितमानस की अध्येता है। राम का कथन यथार्थ एवं क्रमिक रूप में प्रस्तुत किया जोकि मेरी कृति "रामचरितमानस—नाट्यरूप" पर आधारित है।

विश्वामित्र ऋषि के साथ जाकर राम ने एक ही बाण में ताड़का राक्षसी का वध किया तथा मुनियों को उनके लोकहित कार्यों के लिए सुरक्षा प्रदान की। फिर उन्होंने जनक के धनुष-यज्ञ में भाग लेकर धनुष-भंग करके सीता के साथ विवाह किया। अपनी वृद्धावस्था को देखते हुए दशरथ उन्हें राजगद्दी देना चाहते थे पर परिस्थिति वश होकर वे राजतिलक के दिन सहर्ष चौदह वर्ष का वनवास स्वीकार करके वन को चले गए। उन्होंने कोलों, भीलों तथा अन्य वनवासियों के साथ चित्रकूट में प्राय: साढ़े बारह वर्ष व्यतीत किए। वहाँ उन्होंने ऋषियों-मुनियों तथा सामान्य जन के विरुद्ध राक्षसों का अत्याचार सुनकर इस धरती को रावण तथा राक्षसों के अन्याय, अत्याचार तथा हिंसा से मुक्त करने की प्रतीज्ञा की। फिर वे इस महान् उद्देश्य की पूर्ति के लिए निकल पड़े। उन्होंने पराक्रमी खर-दूषण तथा वीर सुबाहू राक्षसों को दल सहित मार दिया। अपनी बहिन सूर्पणखा द्वारा जब इस विनाश की भनक उस समय के परम शक्तिशाली तथा वैभवशाली रावण को लगी, तो वह तमतमा उठा। उसने सीता का हरण किया तथा राम को अप्रत्यक्ष रूप से युद्ध की चुनौती दी। बिना किसी साधनों के वन में सीता को खोजते हुए उन्होंने सुग्रीव से मित्रता की तथा उसकी पत्नी को रखनेवाले उसके बड़े भाई बालि का वध किया। बालि के इस कुकृत्य के कारण राम ने प्रथम बार किसी को 'दुष्ट' की संज्ञा दी। सुग्रीव से मित्रता करते समय हनुमान के रूप में उन्हें ऐसा एक प्रखर सचिव प्राप्त हुआ जो सर्वशक्तिशाली, आज्ञाकारी एवं सभी कार्यों में दक्ष था। हनुमान के बल पर राम के महान् उद्देश्य प्राप्ति का रथ निरंतर सफलतपूर्वक आगे बढ़ता रहा। एक, एक करके रावण के सभी पुत्र एवं योद्धा

मारे जाते रहे। फिर महाबलशाली कुंभकर्ण के सिर एवं धड़ को अलग करके राम ने वानर-भालू सेना को बचाया। अंत में रावण के दस मस्तकों तथा बीस भुजाओं को काटकर तथा एक बाण में ही उसके नाभिकुंड में अमृत को सोखकर अभिमानी रावण को धराशायी कर दिया।

रावण की मृत्यु के साथ-साथ ही पृथ्वी अन्याय तथा अत्याचार से मुक्त हो गई। लंका-विजय का सेहरा राम ने अपने ऊपर न लेकर अपने सहयोगियों को दिया। लंका विजय के पश्चात् राम एक क्षण भी सोने की लंका का राज्य हथियाने के लिए नहीं रुके। उन्हें अपने छोटे भाई भरत का स्मरण हो आया जिसने भरसक प्रयत्न किया कि राम वनवास से अयोध्या लौटकर शासन करें। राम के न मानने पर वह परिव्राजक वेश में राजा होकर राम के लिए पल-पल की प्रतीक्षा कर रहा था। चौदह वर्ष से एक दिन विलंब होने पर वह चिता बनाकर उसमें समर्पित हो जाता।

अयोध्या लौटकर राम ने अपने भाइयों के सहयोग से रामराज्य की स्थापना की जो शासन सभी दृष्टि से अनुकरणीय है। रामराज्य में ऊँच-नीच के भेदभाव को कोई स्थान नहीं था। प्रजा का सुख ही राजा का सुख एवं प्रजा का हित ही राजा का हित था। समाज में नैतिकता कायम रखने के लिए राम ने राजा के नाते अपनी व्यक्तिगत भावनाओं पर अंकुश लगाकर सार्वकालिक एवं सार्वभौमिक राजधर्म का आदर्श प्रस्तुत किया। रामराज्य में अन्याय के लिए कोई स्थान न था। सिंह एवं हाथी साथ-साथ पानी पीते थे। संपूर्ण परिवेश भयमुक्त एवं समता से ओतप्रोत था। प्रशासनिक प्रामाणिकता एवं निपुणता के कारण रामराज्य में भ्रष्टाचार या धोखे बाजी के लिए कोई स्थान नहीं था। अपराध के लिए कड़ा दंड दिया जाता था। समाज में न कोई बेकार था न उपेक्षित और न ही अभावग्रस्त। न कोई दरिद्र था, न कोई दुखी और न ही कोई असहाय। रामराज में सभी संयमी, गुणी तथा साधक थे। सभी परस्पर प्रेम करते थे तथा अभिमान रहित होकर अपने कर्तव्य पालन में लगे रहते थे। सब पुरुष एक पत्नी रखते थे। इसी प्रकार नारियाँ भी सीता की भांति मन, वचन और कर्म से पति का भला करनेवाली होती थीं।

मुक्त एवं कर्त्तव्यनिष्ठ व्यक्ति ही लोकहितैषी शासक सिद्ध होते हैं। राम 'धरम धुरीन' हैं। उनके मन में राज्य के प्रति कोई लालसा नहीं है। लोककल्याण ही उनका एकमात्र उद्‌देश्य है। वे मुख के समान राजा है जो खान-पान तो अकेला करता है पर शरीर के सभी अंगों का पोषण करता है। राम इस काम को विवेक के साथ करते हैं। अतः ऐसे राज्य में समृद्धि चारों ओर व्याप्त रहती है।

वर्षा ठीक समय होती है, वृक्ष उचित फल देते हैं तथा खेतों में सम्यक् अन्न उपजता है। राम सत्यसंध हैं तथा धर्म और नीति ही उनका बल हैं। अत: ऐसे राजा का शासन संसार के कल्याण में स्थिर रहेगा।

मर्यादा पुरूषोत्तम राम का मानवीय आचरण विश्वव्यापी आदर्श है। ऐसे महापुरुष राम के अमृत वचन मैं इस कृति के माध्यम से आप तक पहुँचा रहा हूँ, इसके लिए मुझे आत्मतुष्टि है। आशा है कि पाठक इस अपार समुद्ररूपी चरित्र के किनारे बैठकर कुछ रजकण चुनेंगे और अपने जीवन को सार्थक करेंगे।

मेरे इस प्रयास में इमामी समूह, कोलकाता के संयुक्त अध्यक्ष एवं प्रबंध-निदेशक श्री राधेश्याम गोयनका का जो सहयोग प्राप्त हुआ, इसके लिए मैं उनके प्रति कृतज्ञता ज्ञापन करता हूँ।

वस्तुत: यह कृति मेरी समानांतर कृति 'रामचरितमानस-नाट्य रूप' का ही एक अंश है। मैं राम के कथन का अल्पांश ही प्रस्तुत कर सका क्योंकि उनका चरित्र अनंत है। मैंने तो उनके महान् एवं उदात्त चरित्र में डुबकी लगाकर कुछ कण बटोरकर आपके सामने रखे हैं। राष्ट्रकवि मैथिलीशरण गुप्त ने ठीक ही कहा है—

"राम तुम्हारा वृत्त स्वयं ही काव्य है",

अत: हम पुरुषोत्तम राम का पग-पग पर अनुसरण करें।

—प्रमोद कुमार अग्रवाल

शिवरात्री
वर्ष 2013

अनुक्रमणिका

अरण्यकांड

किष्किंधाकांड

सुंदरकांड

लंकाकांड

उत्तरकांड

बाल लीला

बालकांड

राम-सीता मुग्धता

सती का भ्रम

(सती वहाँ गईं जहाँ सुख के धाम प्रभु राम थे।

सती बार–बार हृदय में विचारकर सीता का रूप धारण करके उस मार्ग की ओर आगे चलीं, जिससे मनुष्यों के राजा रामचंद्र आ रहे थे।

देवताओं के स्वामी, सब कुछ देखनेवाले और सभी के मन की बात जाननेवाले सती के कपट को जान गए।

प्रभु ने हाथ जोड़कर प्रणाम किया और पिता के साथ अपना नाम बताया और फिर कहा—

राम : बृषकेतु शिव कहाँ हैं? आप वन में अकेली किसलिए फिर रही हैं?

(सती द्वारा सीता वेष रखने के कारण शिव उदासीन हो गए और वे राम की भक्ति में लग गए—)

(कृतज्ञों पर कृपा करनेवाले, रूप और शील के भंडार, विशाल तेजपुंज राम प्रकट हुए। उन्होंने शंकर की विभिन्न प्रकार से सराहना की और कहा—)

राम : आपके बिना ऐसा व्रत कौन निबाह सकता है?

(राम ने शिव को बहुत प्रकार से समझाया और पार्वती का जन्म सुनाया। कृपानिधान राम ने विस्तार से पार्वती की अत्यंत पवित्र करनी का वर्णन किया।)

राम : हे शिव! यदि मुझ पर आपका स्नेह है तो अब आप मेरी विनती सुनिए। मुझे यह मेरी माँग दीजिए कि आप जाकर पार्वती के साथ विवाह कर लें।

हे शंकर! आपकी प्रतिज्ञा पूरी हो गई। अब हमने जो कहा है, उसे हृदय में रखना।

विश्वामित्र के यज्ञ की रक्षा

(मार्ग में चले जाते हुए विश्वामित्र ने ताड़का को दिखाया। सुनते ही वह क्रोध करके दौड़ी। एक ही बाण में राम ने उसके प्राण हर लिये और दीन जानकर उसको अपना धाम दे दिया।

तब ऋषि ने अपने स्वामी को मन में पहचान लिया तथा उन्हें विद्या का भंडार समझते हुए भी ऐसी विद्या दी, जिससे भूख-प्यास न लगे और अजस्त्र बल हो तथा शरीर के तेज का प्रकाश हो।

सब अस्त्र-शस्त्र समर्पित करके मुनि प्रभु को अपने आश्रम में ले आए और उन्हें अपना हितैषी जानकर भक्तिपूर्वक कंद, मूल और फल का भोजन कराया।

सबेरे रघुश्रेष्ठ ने मुनि से कहा—)

राम : तुम लोग जाकर निडर होकर यज्ञ करो।

(फिर राक्षस सुबाहु का वध किया)

राम का जनकपुर आगमन एवं सीता मुग्धता

(राम और लक्ष्मण मुनि के साथ चले। फिर मुनिसमूह के साथ वे प्रसन्न होकर चले और शीघ्र ही जनकपुर निकट आ गया।

आमों का एक अनुपम बाग देखकर, जहाँ सब प्रकार का सुभीता था, और जो सब तरह से सुहावना था; विश्वामित्र ने कहा कि उनका मन कहता है कि यहीं रहा जाए।)

राम : अच्छा स्वामिन्!

(लक्ष्मण के हृदय में विशेष लालसा हुई कि वह जाकर जनकपुर देख आए। पर प्रभु का डर है और फिर मुनि से भी सकुचाते हैं। इसलिए प्रकट में कुछ नहीं कहते, मन-ही-मन मुसकरा रहे हैं। राम ने छोटे भाई के मन की दशा जान ली, तब उनके हृदय में भक्त वत्सलता उमड़ आई। वह अति विनय के साथ सकुचाते हुए गुरु की आज्ञा पाकर मुसकराकर बोले—)

राम : हे नाथ! लक्ष्मण नगर देखना चाहता है, पर आपके डर और संकोच के कारण स्पष्ट नहीं कहता। हे स्वामी! यदि आपकी आज्ञा पाऊँ तो मैं इसे नगर दिखाकर तुरंत ही वापस ले आऊँ।

(जाकर उन्होंने जनक राज का श्रेष्ठ बाग देखा, जहाँ वसंत ऋतु मुग्ध थी। अनेक सुंदर वृक्ष लगे हैं। विभिन्न रंगों की श्रेष्ठ लताओं के मंडप छाए हुए थे।

सखियों सहित सरोवर में स्नान करके सीता प्रसन्न मन से गिरिजा के भवन में गईं। उन्होंने बड़े प्रेम से पूजा की और अपने योग्य भाग्यशाली वर माँगा। एक सखी सीता का साथ छोड़कर फुलवारी देखने चली गई थी, उसने जाकर दोनों भाइयों को देखा और प्रेम में विह्वल होकर सीता के पास आई।

कंगन, करधनी और पायजेब की ध्वनि सुनकर राम हृदय में मंथन कर लक्ष्मण से कहते हैं—)

राम : मानो कामदेव ने विश्व को जीतने का मन बनाकर डंके पर चोट मारी है।

(सीता की सुंदरता दृष्टिगोचर कर राम ने सुख पाया। वे हृदय से उसकी प्रशंसा करते, पर वचन नहीं निकलते। वह सुंदरता ऐसी अनुपम है, जैसे ब्रह्मा ने अपनी सारी कुशलता को संसार के सामने प्रकट करके दिखाई है।

वह सुंदरता को भी सुंदर कर रही है। मानो सुंदरता रूपी घर में दीपक की लौ जल रही हो। सारी उपमाओं को तो कवियों ने जूठा कर दिया है। मैं जनक कुमारी की किससे उपमा दूँ?

हृदय में सीता की शोभा का वर्णन करके और अपनी दशा को विचारकर प्रभु राम ने पवित्र मन से अपने छोटे भाई लक्ष्मण से समयानुकूल वचन बोले—)

राम : हे तात! यह वही जनक की कन्या है, जिसके लिए धनुषयज्ञ हो रहा है। सखियाँ इसे गौरीपूजन के लिए ले आई हैं। यह फुलबारी में प्रकाश करती हुई फिर रही है।

जिसकी अलौकिक सुंदरता देखकर स्वभाव से पवित्र मेरा मन मुग्ध हो गया है। वह सब कारण तो विधाता जाने। किंतु हे भाई! सुनो! मेरा मंगलदायक अंग फड़क रहा है।

रघुवंशियों का यह सहज स्वभाव है कि उनका मन कभी कुमार्ग पर पैर नहीं रखता। मुझे तो अपने मन पर अत्यंत विश्वास है कि उसने स्वप्न में भी पराई स्त्री पर दृष्टि नहीं डाली।

जिनकी शत्रु रणभूमि में पीठ नहीं देख पाते, पराई स्त्रियाँ जिनके मन और दृष्टि को नहीं खींच पातीं और भिक्षा माँगनेवाले जिनके यहाँ से 'नाही' नहीं पाते, ऐसे श्रेष्ठ पुरुष संसार में कम हैं।

(मुनि के चरण कमलों में प्रणाम करके, आज्ञा पाकर उन्होंने विश्राम किया।

रात बीतने पर रघुनाथ जागे और भाई को देखकर ऐसा कहने लगे—)

राम : हे तात! अरुणोदय को देखो, जो कमल कोमल और समस्त संसार को सुख देनेवाला है।

धनुष-भंग और परशुराम

(परशुराम का भयानक वेष देखकर सभी राजा भय से व्याकुल होकर उठ खड़े हुए और पिता सहित अपना नाम कह-कहकर सब दंडवत प्रणाम करने लगे।

परशुराम हित समझकर सहज ही जिसकी ओर देख लेते हैं, वह समझता है कि उसकी आयु पूरी हो गई। फिर जनक ने आकर सिर नवाया और सीता को बुलाकर प्रणाम कराया।

सब लोगों को भयभीत देखकर और सीता को डरी हुई जानकर हृदय में न हर्ष और न विषाद लिये हुए रामचंद्र कुछ बोले—)

राम : हे नाथ! शिव के धनुष को तोड़नेवाला आपका ही कोई एक दास होगा। क्या आज्ञा है, मुझसे क्यों नहीं कहते?

(लक्ष्मण के उत्तर परशुराम के क्रोधरूपी अग्नि में आहुति के समान थे। उसे बढ़ते हुए देखकर रघुकुल के सूर्य राम ने जल के समान वचन बोले—)

राम : हे नाथ! बालक पर कृपा करें। इस सीधे और दुधमुँहे बच्चे पर क्रोध न करें। यदि यह स्वामी का कुछ भी प्रभाव जानता तो क्या यह बेसमझ आपकी बराबरी करता?

यदि बालक कुछ दुष्टता भी करता है तो गुरु, पिता और माता मन में आनंद से भर जाते हैं। अत: इसे छोटा बच्चा और सेवक जानकर कृपा कीजिए। आप तो समदर्शी, सुशील, धीर और ज्ञानी मुनि हैं।

(राम के वचन सुनकर वह कुछ ठंडे पड़े। इतने में लक्ष्मण कुछ कहकर फिर मुसकरा दिए। उनको हँसते देखकर परशुराम नख से शिखा तक क्रोध में छा गए।

राम दोनों हाथ जोड़कर अत्यंत विनयपूर्ण मधुर और कोमल वाणी बोले—)

राम : हे नाथ! सुनिए, आप तो स्वभावत: सज्जन हैं। आप बालक के वचनों पर ध्यान न दीजिए।

बर्र और बालक का एक ही स्वभाव है। संतजन इन्हें कभी दोष नहीं लगाते हैं। फिर उसने तो कुछ काम भी नहीं बिगाड़ा है। हे नाथ! आपका अपराधी तो मैं हूँ।

हे इंद्रियों के स्वामी, क्रोध, वध या बंधन दास की भाँति मुझ पर कृपा करें। हे मुनिराज! जिस प्रकार आपका क्रोध शीघ्र दूर हो, मैं वही उपाय करूँ।

अपराध तो लक्ष्मण ने किया है और क्रोध हम पर करते हैं। कहीं सीधेपन में भी बड़ा दोष होता है। टेढ़ा जानकर सब लोग किसी की वंदना करते हैं। टेढ़े चंद्रमा को राहु भी नहीं ग्रसता।

हे मुनीश्वर! क्रोध छोड़िए। आपके हाथ में कुठार के सामने यह सिर है।

हे स्वामी! जिस प्रकार आपका क्रोध जाए, वही करें। मुझे अपना अनुगामी समझें।

स्वामी और सेवक में युद्ध कैसा? हे ब्राह्मण श्रेष्ठ! क्रोध का त्याग करें। आपका वेश देखकर ही बालक ने कुछ कह डाला। इसमें उसका दोष नहीं है।

आपको कुठार, बाण और धनुष धारण किए देखकर और वीर समझकर बालक को क्रोध आ गया। वह आपका नाम तो जानता था, पर आपको पहचाना नहीं। अपने वंश के स्वभाव के अनुसार उसने उत्तर दिया।

यदि आप मुनि की तरह आते तो हे स्वामी! बालक आपके चरणों की धूलि सिर पर रखता। अनजाने की भूल को क्षमा करें। ब्राह्मण के हृदय में बहुत दया होनी चाहिए।

हे नाथ! हमारी और आपकी बराबरी कैसी! कहिए न, कहाँ चरण और कहाँ मस्तक! कहाँ मेरा राम मात्र छोटा सा नाम और कहाँ आपका परसु सहित बड़ा नाम।

हे देव! हमारा तो एक ही गुण हमारे धनुष हैं और आपके नौ गुण शम, दम, तप, शौच, क्षमा, सरलता, ज्ञान, विज्ञान और आस्तिकता परम पवित्र हैं। हम तो सब प्रकार से आपसे हारे हैं। हे ब्राह्मण! हमारे अपराधों को क्षमा करें।

(राम ने परशुराम को बार-बार मुनि' और ब्राह्मणश्रेष्ठ' कहा तो परशुराम क्रोधयुक्त हँसी में बोले—)

राम : हे मुनि! विचार कर कहिए। आपका क्रोध बहुत अधिक है और मेरी भूल छोटी है। पुराना शिव का धनुष था, छूते ही टूट गया। मैं किस कारण अभिमान करूँ?

हे भृगुनाथ! यदि हम ब्राह्मण बोलकर निरादर कर रहे हैं तो यह सुनिए कि संसार में ऐसा कौन उत्तम योद्धा है, जिसके भय से हम मस्तक नीचा करें?

देवता, दैत्य, राजा या नाना प्रकार के योद्धा चाहे बल में हमारे बराबर या हमसे अधिक बलवान् हों, यदि रण में कोई हमें ललकारे तो हम उससे सुखपूर्वक

लड़ेंगे, चाहे काल ही क्यों न हो।

क्षत्रिय का शरीर धरकर जो युद्ध में डर गया, उस नीच ने अपने कुल पर कलंक लगा दिया। मैं स्वाभाविक रूप से कहता हूँ, कुल की प्रशंसा करके नहीं कि रघुवंशी रण में काल से भी नहीं डरते।

ब्राह्मणवंश की ऐसी महिमा है कि जो तुमसे डरता है, वह सबसे निर्भय हो जाता है।

(रघुनाथ के मधुर और रहस्यपूर्ण वचन सुनकर परशुराम की बुद्धि के परदे खुल गए)

□

अयोध्याकांड

चित्रकूट में राम-भरत संवाद

रामराज्याभिषेक की तैयारी

(राम के अभिषेक की सुहावनी खबर सुनते ही अवध में बधाइयाँ धमाधम बजने लगीं। राम और सीता के शरीर शकुन की सूचना देते हैं। उनके सुंदर अंग मंगल के लिए फड़कने लगे।

पुलकित होकर दोनों प्रेम सहित परस्पर कहते हैं—)

राम : समस्त शकुन भरत के आगमन के सूचक हैं। बहुत दिन हो गए, अब तो चिंता हो रही है। शकुनों से प्रिय के मिलने का विश्वास होता है।

भरत के समान जगत् में कौन प्यारा है? शकुन का बस यही फल है, दूसरा नहीं।

(महाराज दशरथ ने वशिष्ठ को राज्याभिषेक की शिक्षा देने राम के पास भेजा। आदरपूर्वक अर्घ्य देकर उन्हें महल में लाए और सोलह प्रकार से उनका पूजन करके उनका सत्कार किया। फिर सीता सहित उनके चरण स्पर्श किए और कमल के समान हाथ जोड़कर राम बोले—)

राम : सेवक के घर स्वामी का पधारना मंगलमूलक और अमंगल का नाश करनेवाला होता है। फिर भी हे नाथ! उचित यही था कि प्रेम से बुलाकर कर्म में लगा देते, यही नीति है।

प्रभु ने प्रभुता छोड़कर स्नेह किया, इससे आज यह घर पवित्र हो गया। हे गोस्वामी! जो आज्ञा हो, मैं वही करूँ। स्वामी की सेवा में ही सेवक का सब कुछ पाना है।

(गुरु वशिष्ठ से पिता द्वारा युवराज पद देने व राज्याभिषेक की तैयारी की बात सुनकर राम के हृदय में इस बात का विस्मय हुआ कि

वे सब भाई एक साथ जन्मे, खाना-सोना, बचपन के खेल, कनछेदन, यज्ञोपवीत और विवाह आदि उत्सव सब साथ-साथ हुए।

पर इस निर्मल वंश में यही एक अनुचित बात हो रही है कि और भाइयों को

छोड़कर राज्याभिषेक बड़े का हो रहा है। प्रभु का यह प्रेमपूर्ण उत्तम पछतावा भक्तों की कुटिलता का हरण करे।)

राम-कैकेयी-दशरथ संवाद

(राम का मुख देखकर सुमंत्र ने राजा की आज्ञा कही तथा वह रघुकुल के दीपक राम को लिवा चले। राम मंत्री के साथ बुरी तरह से जा रहे हैं।

रघुवंशमणी राम ने जाकर देखा कि राजा अत्यंत बुरी हालत में पड़े थे।

राजा के ओंठ सूख रहे हैं और सब जल रहे हैं। पास ही में क्रोध से भरी कैकेयी को देखा मानो मृत्यु की घड़ियाँ गिन रही है।

राम का स्वभाव करुणामय और कोमल है। उन्होंने प्रथम वह दुःख देखा जो उन्होंने सुना भी न था। तो भी हृदय में धैर्य रखकर तथा समय का विचार कर उन्होंने मधुर वचनों से माता से पूछा—)

राम : हे माता! मुझे पिता के दुःख का कारण कहो, ताकि वह प्रयत्न करूँ, जिससे उसका निवारण हो।

(सूर्यकुल के सूर्य, स्वाभाविक ही आनंद के खजाने राम मन में मुसकराकर सब प्रदूषणों से रहित ऐसे कोमल और सुंदर वचन बोले, जो वाणी के अलंकार हों।)

राम : हे माता! सुनो, वही पुत्र बड़भागी है जो पिता-माता के वचनों में प्रेम रखता हो। माता-पिता को संतुष्ट करनेवाला पुत्र, हे माता! सारे संसार में मिलना कठिन है।

वन में विशेषरूप से मुनियों का मिलाप होगा, जिसमें मेरा सभी प्रकार से भला है। उसमें भी पिता की आज्ञा और फिर हे माता! तुम्हारी सम्मति है।

प्राणप्रिय भरत राज्य पाएँगे। आज विधाता सब प्रकार से मेरे सम्मुख है। यदि ऐसे कार्य के लिए भी मैं वन न जाऊँ तो मूर्खों के समाज में मेरी प्रथम गणना होनी चाहिए।

जो कल्पवृक्ष को त्यागकर अरंडी पेड़ की सेवा करते हैं और अमृत को छोड़कर विष माँगते हैं, वे ऐसा मौका पाकर नहीं चूकेंगे। हे माता! मन में यह विचारकर देखो।

माता, मुझे एक विशेष दुःख है—वह महाराज को अत्यंत व्याकुल देखकर। इस थोड़ी सी बात के लिए पिताजी को भारी दुःख है। हे माता! मुझे इस बात का विश्वास नहीं होता।

महाराज धैर्यवान और गुणों के अथाह समुद्र हैं। मुझसे कोई बड़ा अपराध हो गया है, जिस कारण महाराज मुझसे कुछ नहीं कहते। तुझे मेरी सौगंध है, सच-सच कहो।

(देश, काल और अवसर के अनुकूल विचारकर नम्र वचन बोले—)

राम : हे पिताजी! मैं धृष्टता करके कुछ कहता हूँ। इस अनौचित्य को मेरा लड़कपन समझकर क्षमा करें।

अत्यंत तुच्छ बात के लिए आपने इतना दुःख पाया। किसी ने मुझे पूर्व में कहकर यह बात नहीं बताई। स्वामी को इस दशा में देखकर मैंने माता से पूछा। सब प्रसंग को सुनकर शरीर शीतल हुआ।

हे पिताजी! इस शुभ अवसर पर स्नेहवश होकर सोच करना छोड़ दीजिए। मुझे हृदय में प्रसन्न होकर आज्ञा दीजिए।

इस पृथ्वीतल पर उसी का जन्म धन्य है, जिसके चरित्रों को सुनकर पिता को आनंद हो। चारों पदार्थ (अर्थ, धर्म, काम, मोक्ष) उसकी मुट्ठी में हैं, जिसको पिता-माता प्राणों के समान प्रिय हैं।

आज्ञा के पालन द्वारा जन्म का फल पाकर मैं शीघ्र ही लौट आऊँगा। अतः शीघ्र आज्ञा हो। माता से विदा माँग आता हूँ फिर आपके पैर लगकर वन को चलूँगा।

रघुकुल तिलक राम ने दोनों हाथ जोड़कर प्रसन्नता पूर्वक माता के चरणों में सिर नवाया। माता ने आशीर्वाद दिया, अपने हृदय से लगा लिया और उन पर गहने तथा वस्त्र न्यौछावर किए।

राम-सीता संवाद

(माता के पास सीता से कहने में सकुचाते हैं, पर मन में समय को विचारकर बोले—)

राम : हे राजकुमारी! मेरी सलाह सुनो। मन में कुछ दूसरी तरह न समझ लेना। जो अपना और मेरा भला चाहती हो तो हमारा वचन मानकर घर पर रहो। मेरी आज्ञा का पालन होगा, सास की सेवा होगी। हे कामिनी! इसमें ही घर की भलाई है।

आदर सहित सास-ससुर के चरणों की पूजा करने से बढ़कर दूसरा धर्म नहीं है। जब-जब माता मुझे याद करेंगी और प्रेम से व्याकुल होने के कारण

उनकी बुद्धि चली जाएगी, हे सुंदरी! तब-तब तुम कोमल वाणी से पुरानी कथाएँ कहकर इन्हें समझाना। हे सुमुखि! मैं स्वभावतः ही सौ सौगंध खाकर कहता हूँ कि मैं तुम्हें माता के लिए ही घर पर रखता हूँ।

गुरु और वेद द्वारा सम्मत धर्म का फल तुम्हें बिना कष्ट के ही मिल जाएगा। हठ के वश होकर गालव मुनि और राजा नहुष ने संकट सहे।

हे सुमुखि सयानी! सुनो, मैं फिर पिता के वचनों को प्रमाणित करके शीघ्र लौटूँगा। दिन जाते देर नहीं लगती। हे सुंदरी! हमारी सीख सुनो। हे वामा! यदि प्रेमवश हठ करोगी तो तुम परिणाम में दुःख पाओगी। वन कठिन और बड़ा भयानक है। वहाँ की धूप, पाला, वर्षा और हवा तीक्ष्ण है।

मार्ग में कुश, काँटे और बहुत से कंकड़ हैं। उन पर पैदल बिना जूती के ही चलना होगा। तुम्हारे चरण-कमल कोमल और सुंदर हैं और मार्ग में बड़े-बड़े दुर्गम पर्वत हैं।

कंदराएँ, दर्रें, नदियाँ, नद और नाले हैं ऐसे दुर्गम और गहरे हैं कि उनकी ओर देखा नहीं जाता। रीछ, बाघ, भेड़िये, सिंह, सियार, हाथी ऐसा स्वर करते हैं कि धैर्य भाग जाता है।

जमीन पर सोना, पेड़ों की छाल के वस्त्र पहनना और कंदमूल और फल का भोजन करना और वे भी क्या सदा सब दिन मिलेंगे? सब समय के अनुकूल मिलेंगे।

मनुष्यों को खानेवाले राक्षस विचरण करते रहते हैं। वे करोड़ों प्रकार के कपट-वेष धारण कर लेते हैं। पहाड़ का पानी बहुत लगता है। वन की विपत्ति बखानी नहीं जा सकती।

घने वन में भयंकर सर्प, पक्षी और स्त्रियों तथा पुरुषों को चुरानेवाले राक्षसों के झुंड-के-झुंड होते हैं। वन की गहनता स्मरण आने से धैर्यवान् भी डर जाते हैं। हे मृगनयनी! तुम तो स्वभाव से ही डरपोक हो।

हे हंसगामिनी! तुम वन के योग्य नहीं हो। सुनकर लोग मुझे अपयश देंगे। मानसरोवर के अमृत-जल से पाली हुई हंसिनी क्या खारे समुद्र में जी सकती है?

नए आम के वन में विहार करनेवाली कोयल क्या करील के वन में शोभा पा सकती है? ऐसा हृदय में विचारकर तुम घर पर ही रहो। हे चंद्रबदनि! वन में बड़ा दुःख है।

स्वभाव से ही हित करनेवाले गुरु और स्वामी की जो सिर पर रखकर सीख

नहीं मानता, वह हृदय में पश्चात्ताप करके भी संतुष्ट नहीं होता और उसके हित की अवश्य ही हानि होती है।

पर सीता न मानी। उनकी दशा देखकर राम को लगा कि हठपूर्वक अयोध्या में रखने से वे प्राण न रखेंगी। उन्हें तब कृपालु सूर्यवंश के स्वामी ने कहा—

राम : चिंता त्याग कर मेरे साथ वन को चलो। आज शोक का समय नहीं है। शीघ्र ही वन-गमन की तैयारी करो।

राम-लक्ष्मण संवाद

(जब लक्ष्मण ने समाचार पाया, तो वे भी वन जाने के लिए अस्थिर हो उठे। तब नीति में निपुण, शील, स्नेह, सरलता और सुख के समुद्र राम ने वचन बोले)

राम : हे तात! हृदय में परिणाम के प्रति उत्साहित होकर प्रेमवश कायर नहीं बनो।

जो लोग माता, पिता, गुरु और स्वामी की सलाह को स्वाभाविक शिरोधार्य करते हैं, उन्होंने ही जन्म लेने का लाभ पाया है, अन्यथा संसार में जन्म व्यर्थ जाता है।

हे भाई! हृदय में ऐसा जानकर मेरा परामर्श सुनो और माता-पिता की चरण-सेवा करो। भरत और शत्रुघ्न घर पर नहीं हैं, महाराज वृद्ध हैं और उनके मन में मेरा दु:ख है।

यदि मैं तुम्हें साथ लेकर वन जाऊँ तो अयोध्या सभी प्रकार से अनाथ हो जाएगी। गुरु, पिता, माता, प्रजा तथा परिवार सभी पर दु:ख का असहनीय भार आ पड़ेगा।

अत: यहाँ रहकर सभी को संतुष्ट करो अन्यथा हे तात! बड़ा दोष होगा। जिसके राज्य में प्रिय प्रजा दुखी रहती है, वह राजा अवश्य ही नरक का अधिकारी होता है।

हे तात! ऐसी नीति विचार कर यहीं रहो।

(यह सुनते ही लक्ष्मण अति व्याकुल हो गए। शीतल वचनों से वे ऐसे सूख गए जैसे कि पाले के स्पर्श से कमल।

प्रेमवश कोई उत्तर नहीं आता। उन्होंने घबड़ाकर राम के चरण पकड़ कर कहा।

दया के समुद्र राम ने अच्छे भाई के कोमल और विनम्र वचन सुनकर और स्नेह के कारण डरा हुआ जानकर हृदय से लगाकर समझाया।)

राम : जाकर माता से विदा माँगो और हे भाई! जल्दी आओ और वन को चलो।

(फिर राम दासियों-दासों को बुलाकर गुरु को सौंपकर हाथ जोड़कर बोले—)

राम : हे गोसाई! इन सभी की पिता-माता की तरह देखभाल कीजिएगा।

(बार-बार दोनों हाथ जोड़कर राम सबसे कोमल वाणी में कहते हैं—)

राम : मेरा वही सब प्रकार से हितैषी है, जिससे महाराज सुखी रहें।

हे अत्यंत दक्ष नगर वासियों! आप सभी वह उपाय करें, जिससे मेरी सब माताएँ मेरे वियोग में दुःख से कातर नहीं हों।

(राम ने प्रेमयुक्त, कोमल और मनमोहक वचन कहकर बहुत प्रकार से लोगों को समझाया। धर्म के अनेक गहन उपदेश दिए, परंतु प्रेमवश लोग लौटाए लौटते नहीं।

शील और स्नेह छोड़ा नहीं जाता। रघुनाथ दुविधावश हो गए। शोक और थकान के मारे लोग सो गए और कुछ देवताओं की माया से भी उनकी बुद्धि मोहित हो गई।

जब दो पहर रात बीत गई तब राम ने मंत्री से प्रेम पूर्वक कहा—)

राम : हे तात! खोज मारकर रथ हाँको और किसी उपाय से बात न बनेगी।

(दोनों भाई सीता और मंत्री सहित श्रृंगवेरपुर जा पहुँचे।

निषादराज ने रघुनाथ को ले जाकर वह स्थान दिखाया जहाँ उनके ठहरने की व्यवस्था थी।

राम ने कहा—)

राम : यह सब प्रकार से सुहावना है।

राम-सुमंत्र संवाद

(संसार का मंगल करनेवाले और सुख देनेवाले राम जागे।

सब शौच के कार्य करके शुचि और सज्जन राम ने स्नान किया। फिर बड़ का दूध मँगाया और भाई सहित सिर पर जटाएँ बनाईं।

विनती करके सुमंत्र पैरों पर गिर पड़ा और बालकों की तरह रो दिया।

राम ने मंत्री को उठाकर अच्छी तरह समझाया—)

राम : हे तात! तुमने तो धर्म के सभी सिद्धांतों को छान डाला है।

शिवि, दधीचि और राजा हरिश्चंद्र ने धर्म के लिए करोड़ों कष्ट सहन किए थे। बुद्धिमान् राजा रंतिदेव और बलि बहुत से संकट सहनकर भी धर्म को पकड़े रहे।

सत्य के समान दूसरा धर्म नहीं है। शास्त्रों, वेदों और पुराणों में यही कहा गया है। मैंने वही धर्म सरलता से पा लिया। इसको छोड़ने से तीनों लोकों में अपयश छा जाएगा।

प्रतिष्ठित पुरुष के लिए अपयश प्राप्ति करोड़ मृत्यु के समान भीषण जलाने वाली है। हे तात! मैं तुमसे अधिक क्या कहूँ! उत्तर देने से फिर पाप को प्राप्त करूँगा।

आप पिता के चरण पकड़कर कोटिश : नमस्कार कहकर हाथ जोड़कर विनती करना कि हे तात! आप मेरी किसी बात की चिंता न करें।

फिर आप पिता के समान ही मेरे बड़े हितैषी हैं। हे तात! मैं हाथ जोड़कर विनती करता हूँ कि सब प्रकार से आपका भी वही कर्तव्य है कि पिताजी हमारे सोच में दुःख न पाएँ।

(सकुचाकर राम ने अपनी सौगंध दिलाकर कहा—)

राम : आप जाकर लक्ष्मण का यह संदेश न कहना।

कृपा निधान राम ने पिता का संदेश सुनकर सीता को करोड़ों प्रकार की शिक्षा दी।

राम : जो तुम घर लौट जाओ तो सास, ससुर, गुरु, प्रियजन और कुटुंबी सभी की नाराजी मिट जाए।

केवट का प्रेम

(राम ने केवट से नाव माँगी पर वह न लाया—

केवट के प्रेम में लपेटे हुए, अटपटे वचन सुनकर करुणा के रूप राम जानकी और लक्ष्मण की ओर देखकर हँसे।

कृपा के समुद्र मुसकराकर बोले—)

राम : तू वही कर जिससे तेरी नाव न जाए। जल्दी पानी ला और पैर धो ले। देर हो रही है, पार उतार दे।

(जिसका नाम एक बार स्मरण करने से मनुष्य अपार भवसागर से पार हो जाते हैं। वही कृपालु केवट से निवेदन कर रहे हैं, जिन्होंने जगत् को तीन पग से भी छोटा कर दिया था।

निषादराज और लक्ष्मण सहित सीता और राम उतरकर गंगा की रेत में खड़े

हो गए। केवट ने उतरकर दंडवत् की। प्रभु को संकोच हुआ कि इसको कुछ दिया नहीं।

पति के हृदय को जाननेवाली सीता ने प्रसन्न मन मणि जड़ित अँगूठी उतारी। कृपालु राम ने केवट से कहा—)

राम : उतराई लो।

(केवट ने कहा कि उसने क्या नहीं पाया! उसके दोष, दुःख और दरिद्रता की आग बुझ गई। उसने बहुत काल मजदूरी की। विधाता ने आज उसे अच्छी और भरपूर मजूरी दे दी।

तब करुणा के धाम राम ने निर्मल भक्ति का वरदान देकर उसे विदा किया।)

भरद्वाज आश्रम, प्रयाग में विश्राम

(प्रयाग में राम भरद्वाज मुनि के पास आए। मुनि की सभी आशाएँ पूर्ण हो गईं। भरद्वाज मुनि के द्वारा प्रशंसा के उत्तर में राम ने कहा—)

राम : हे मुनिराज! वही बड़ा है और वही सब गुण संपन्न है, जिसे तुम आदर दो।

(राम ने रात्रि को भरद्वाज के आश्रम में ही विश्राम किया और प्रात:काल प्रयाग का स्नान कर सीता, लक्ष्मण और सेवक गुह सहित प्रसन्नता से मुनिवर को सिर नमन करके चले।

प्रेम से राम ने मुनि से कहा—)

राम : हे नाथ! बताइए हम किस मार्ग से जाएँ।

(मुनि मन में हंसकर राम से कहा कि
राम के लिए सभी मार्ग सुगम हैं।)

राम-वाल्मीकि संवाद

(राम को आँखों से देखकर वाल्मीकि के मन में भारी आनंद हुआ। तब रघुनाथ कमलवत् हाथों को जोड़कर कानों को सुख देनेवाले मधुर वचन बोले—)

राम : हे मुनिनाथ! तुम त्रिकालदर्शी हो। आपके हाथ में संसार बेर के फल के समान है।

(प्रभु ने ऐसा कहकर सब कथा सुनाई, जिस-जिस प्रकार से रानी ने वनवास दिया।)

राम : पिता का वचन पालन, माता का हित और भरत जैसे भाई का राजा होना तथा मुझे तुम्हारे दर्शन होना, हे प्रभु! यह सब मेरे पुण्यों का प्रभाव है।

हे मुनिराज! आपके चरणों के दर्शन करने से मेरे संपूर्ण कर्म सफल हो गए। अब जहाँ आपकी आज्ञा हो और जहाँ कोई भी मुनि व्यग्रता न पाए।

जिनसे मुनि और तपस्वी दुःख पाते हैं, वे राजा बिना अग्नि के ही जलकर भस्म हो जाते हैं। ब्राह्मण का संतोष मंगल की जड़ है और ब्राह्मण का क्रोध करोड़ कुलों को भस्म कर देता है।

ऐसा हृदय में समझकर वह स्थान बताइए, जहाँ मैं सीता और लक्ष्मण सहित जाऊँ। वहाँ सुंदर पत्तों और घास की कुटी बनाकर, हे दयालु! कुछ समय तक निवास करूँ।

(महामुनि ने चित्रकूट की असीम महिमा गाकर कही। तब सीता सहित दोनों भाइयों ने आकर श्रेष्ठ नदी में स्नान किया।

राम ने कहा—)

राम : लक्ष्मण! अच्छा घाट है। अब यहीं कहीं ठहरने का उत्तम प्रबंध करो।

(तब लक्ष्मण ने पयस्विनी नदी के उत्तर तट को देखा कि एक नाला धनुष जैसा चारों ओर फिरा हुआ है। नदी उस धनुष की डोरी है। शांति, संयम और दान बाण हैं। कलियुग के समस्त काले काम उसके अनेक हिंसक पशु हैं। चित्रकूट ही जैसे अचल शिकारी है, जिसका मुठभेड़ में मारा हुआ निशाना नहीं चूकता।)

सुमंत्र का अयोध्या लौटना

(सुमंत्र ने अयोध्या वापस आकर सभी समाचार सुनाया और कहा कि मुझे व्याकुल देखकर रघुनाथ धैर्य रखकर मधुर वचन बोले—)

राम : हे तात! पिताजी से मेरा प्रणाम कहना। मेरी ओर से बार-बार उनके चरण कमल पकड़ना। फिर मेरी ओर से पैर पकड़कर विनती करना कि पिताजी मेरी चिंता न करें। आपकी कृपा, उपकार और पुण्य से वनमार्ग में हमें कुशल-मंगल है।

हे पिताजी। आपके अनुग्रह से मैं वन जाते हुए सब सुख पाऊँगा। आज्ञा का पालन करके कुशलतापूर्वक चरणों के दर्शन करने फिर लौट आऊँगा। माताओं के संतोष के लिए उनके पैरों को पड़-पड़कर बहुत विनती करना।

तुम वही प्रयत्न करना जिससे कोसलपति कुशल रहें।

बार-बार चरण कमल पकड़कर गुरु से मेरा संदेश कहना कि वे वही उपदेश दें, जिससे अवधपति मेरा सोच न करें।

हे तात! सब पुरवासियों और कुटुंबियों को मनाकर मेरी विनती सुनाना कि वही मेरा सब प्रकार से हितकारी है, जिससे राजा सुखी रहें।

भरत के आने पर संदेश कहना कि राजा का पद पा जाने पर नीति न छोड़े। कर्म, मन और वचन से प्रजा का पालन करे और सब माताओं को समान जानकर उनकी सेवा करे।

और हे भाई! पिता, माता और स्वजनों की सेवा करके भाईपना निबाहना। हे तात! राजा को उसी प्रकार से रखना, जिससे वे मेरी कोई चिंता न करें।

भरत का चित्रकूट पहुँचना

(वहाँ राम रात बाकी रहते ही जाग गए। सीता ने ऐसा स्वप्न देखा जैसे समाज सहित भरत आये हैं। स्वामी के वियोग की गरमी से उनका शरीर संतप्त है।

सभी लोग मन में उदास, हीन और दुखी हैं। सासुओं को और ही रूप में देखा।

सीता का स्वप्न सुनकर राम के नेत्रों में जल भर आया और सबको चिंता से मुक्त करनेवाले स्वयं चिंतावश हो गए।)

राम : लक्ष्मण! यह स्वप्न अच्छा नहीं है। कोई भयंकर अशुभ बात सुनाएगा।

(ऐसा कहकर उन्होंने भाई सहित स्नान किया और त्रिपुरारी का पूजन करके साधुओं का सम्मान किया।

सीतापति राम फिर सोच के वश हो गए कि भरत के आने का कारण क्या है।

लक्ष्मण ने क्रोधित होकर कहा कि भरत मन में बुरा विचार करके समाज जोड़कर राज्य को निष्कंटक करने आए हैं।)

राम और सीता : हे तात! तुमने उत्तम नीति कही है। हे भाई! सबसे कठिन राजमद है।

वे राजा राजमदरूपी मदिरा का पान करते ही मतवाले हो जाते हैं, जिन्होंने साधुओं की सभा का सेवन नहीं किया। हे लक्ष्मण! सुनो, भरत के समान भला पुरुष ब्रह्मा की सृष्टि में न सुना गया, न ही देखा गया।

ब्रह्मा, विष्णु और महेश का पद पाकर भी भरत को राज्य का मद नहीं हो सकता। क्या कभी काँजी की बूँदों से क्षीरसागर बिगड़ सकता है?

अंधकार चाहे दोपहर के सूर्य को निगल जाए, आकाश चाहे बादलों में समाकर मिल जाये। गौ के खुर इतने जल में अगस्त्य डूब जाएँ और पृथ्वी अपनी स्वाभाविक क्षमा को छोड़ दे।

मच्छर की फूँक से चाहे सुमेरू उड़ जाए, परंतु हे भाई! भरत को राज्य का घमंड नहीं हो सकता। हे लक्ष्मण! मैं तुम्हारी शपथ और पिता की आन रखकर कहता हूँ कि भरत के समान पवित्र उत्तम भाई नहीं है।

हे तात! सगुण रूपी दूध और अवगुणरूपी जल को मिलाकर विधाता संसार को रचता है। भरत ने सूर्यवंशरूपी तालाब में हंसरूप जन्म लेकर गुण और दोष को अलग-अलग कर दिया।

उन्होंने गुणरूपी दूध को ग्रहण कर और अवगुण रूपी जल को त्यागकर अपने यश से संसार में प्रकाश कर दिया है।

(भरत के गुण, शील और स्वभाव को कहते-कहते रघुनाथ प्रेम समुद्र में डूब गए।

रघुनाथ की वाणी सुनकर और भरत पर उनका झुकाव देखकर समस्त देवता उनकी सराहना करने लगे कि प्रभु के समान दया का घर और कौन है?)

राम भरत का मिलाप

(कृपानिधान राम ने भरत को जबरदस्ती उठाकर हृदय से लगा लिया। रघुनाथ सब माताओं से मिले, उन्हें समझाकर संतुष्ट किया)

राम : हे माता! संसार ईश्वर के अधीन है। किसी को दोष नहीं देना चाहिए।

(दोनों भाइयों ने साथ में आई ब्राह्मणों की स्त्रियों सहित गुरुपत्नी के पदों की वंदना की और उन सबका गंगा तथा गौरी के समान सम्मान किया। उन्होंने आनंदित होकर मधुर वाणी में आशीर्वाद दिया।

दोनों भाई पैर पड़कर सुमित्रा की गोद में जा लगे। जैसे अत्यंत दरिद्र को संपत्ति भेंट दी गई हो। फिर दोनों भाई माता कौशल्या के चरणों में गिर पड़े।

उनके सारे अंग प्रेम से शिथिल हैं।

अतिशय प्रेम से माता ने उन्हें हृदय से लगा लिया और नेत्रों से बहे हुए प्रेमाश्रुओं के जल से उन्हें नहला दिया।

रघुनाथ ने छोटे भाई सहित माता से मिलकर गुरु से कहा—)

राम : आश्रम पर पधारिए।

(वेदों में जैसा कहा गया है उस रीति से पिता की क्रिया करके, पापरूपी अंधकार से निकालनेवाले सूर्य राम पवित्र हुए।

जब शुद्ध हुए दो दिन बीत गए, तब राम प्रीति के साथ गुरु से बोले—)

राम : हे नाथ! सब लोग यहाँ कंद, मूल, फल और जल का आहार करते अत्यंत दुखी हैं। छोटे भाई सहित भरत, मंत्री और सब माताओं को देखकर मुझको पल युग के समान बीत रहा है।

अतएव सबके साथ आप अयोध्यापुरी को जाइए। आप यहाँ हैं और राजा अमरावती में हैं। मैंने बहुत कहा, यह सब ढिठाई की। हे गोसाईं! जैसा उचित हो, वैसा ही करें।

चित्रकूट में सभा

(वशिष्ठ ने राम को समझाया कि जिसमें नगर निवासियों, माताओं और भरत का हित हो, वही उपाय कहिए।

मुनि के वचन सुनकर रघुनाथ कहते हैं—)

राम : उपाय आपके ही हाथ है।

हे पथदर्शक! आपका रुख रखने में और आपकी आज्ञा को सत्य कहकर आनंद पूर्वक पालन करने में ही सबका हित है। प्रथम जो आपकी आज्ञा मेरे लिए है, मैं उस सीख को माथे पर शिरोधार्य करके उसका पालन करूँगा।

फिर हे गोसाईं! आप जिसको जैसा कहेंगे, वह सब तरह से सेवा में लग जाएगा।

आपको सौगंध है और पिता के चरणों की दुहाई है। विश्वभर में भरत के समान कोई भाई नहीं हुआ।

जो गुरु के चरण-कमलों के प्रेमी हैं, वे लोक और वेद में बड़े भाग्यशाली हैं। जिस पर गुरु का ऐसा स्नेह है, उस भरत के भाग्य को कौन कह सकता है?

छोटा भाई जानकर भरत के मुँह पर उसकी बड़ाई करने में मेरी बुद्धि सकुचाती है। भरत जो कुछ कहे, वही करने में भलाई है।

(तब ज्ञानी मुनि ने अनेक प्रकार की पुरानी कथाएँ कहकर भरत को समझाया। फिर सूर्यकुल रूपी कुमुद वन के चंद्रमा स्वरूप रघुनाथ उचित वचन बोले—)

राम : हे तात! तुम अपने हृदय में व्यर्थ ही ग्लानि करते हो। जीव की गति को ईश्वर के अधीन जानो। मेरे मत में तीनों काल और तीनों लोकों के पुण्य में यशस्वी लोग तुमसे नीचे हैं।

हृदय में भी तुम पर कुटिलता लाते ही उस व्यक्ति का यह लोक और परलोक नष्ट हो जाएगा। माता कैकेयी को तो वे मूर्ख दोष देते हैं जिन्होंने गुरु और साधु-समाज का सेवन नहीं किया।

तुम्हारा नाम स्मरण करते ही सारे पाप, प्रपंच और संपूर्ण अमंगलों का भार मिट जाएगा तथा इस लोक में उत्तम यश और परलोक में सुख प्राप्त होगा।

हे भरत! मैं स्वभाव से ही सत्य कहता हूँ। शिव साक्षी हैं कि यह पृथ्वी तुम्हारे रखने से रह सकती है। हे तात! तुम व्यर्थ में कुतर्क न करो। वैर और प्रेम छिपाए नहीं छिपते।

पक्षी और पशु मुनियों के पास चले जाते हैं, पर वे बाधा करनेवालों तथा मारनेवालों को देखते ही भाग जाते हैं। पशु-पक्षी भी अपने हित और अनहित को जानते हैं फिर मानव-शरीर तो गुणों और ज्ञान का भंडार है।

हे तात! मैं तुम्हें अच्छी तरह जानता हूँ। क्या करूँ? जी में बड़ा असमंजस है। महाराजा ने मुझे त्याग कर सत्य को रखा और प्रेम-प्रण को रखने के लिए शरीर छोड़ दिया।

उनका वचन मिटाने से मन में सोच होता है। उससे भी बढ़कर तुम्हारा संकोच है। उस पर भी गुरु ने मुझे आज्ञा दी है। इसलिए तुम जो कुछ कहो, मैं अवश्य ही वह करना चाहता हूँ।

तुम मन को प्रसन्न कर और दुविधा त्याग कर जो कुछ कहो, मैं आज वही करूँ।

(विश्वामित्र ने पुरानी कथाएँ कह-कहकर सारी सभा को उत्तम वाणी से समझाया।

तब रघुनाथ ने विश्वामित्र से कहा—)

राम : हे नाथ! कल सब लोग बिना जल के रह गए।

(राम के गुरु ने सबके पास बोझे भर-भरकर आदर पूर्वक भेजे। तब वे पितर, देवता, अतिथि और गुरु की पूजा करके फलाहार करने लगे।

इस प्रकार चार दिन बीत गए।

सीता राम के साथ वन में रहना करोड़ देवलोकों के समान सुखदाई है। लक्ष्मण, राम और जानकी को छोड़कर जिसको घर अच्छा लगे, विधाता उसके विपरीत है।

रघुनाथ स्नान करके गुरु वशिष्ठ के पास गए और चरणों की वंदना करके उनका रुख पाकर बोले—)

राम : हे नाथ! भरत, अवधपुरवासी तथा माताएँ, शोक से विकल हैं और वनवासी दुखी हैं।

मिथिलापति को भी समाज सहित क्लेश सहते हुए बहुत दिन हो गए। हे नाथ! जो उचित हो, वही कीजिए। सभी का हित आप ही के हाथ है।

आपके और मिथिलेश्वर के विद्यमान रहते मेरा कहना सब प्रकार से भद्दा है। आपकी और महाराज की जो आज्ञा होगी मैं आपकी शपथ खाकर कहता हूँ, वह सत्य ही सबको शिरोधार्य होगा।

(भय और ऊब के वश किसी का मन स्थिर नहीं है। क्षण में वन की इच्छा होती है और क्षण भर में घर अच्छा लगता है। दुविधामय मन की अवस्था होने से प्रजा दुखी है, जैसे नदी और समुद्र के संगम का जल चंचल रहता है।

दोतरफा मन कहीं संतोष नहीं पाता। वे एक-दूसरे से अपना भेद नहीं कहते। दयासागर राम देखकर हृदय में आनंदित होकर कहने लगे—)

राम : कुत्ता, इंद्र और युवक एक स्वभाव के हैं।

सभा, जनक, गुरु, ब्राह्मण और मंत्री सभी की बुद्धि को भरत की भक्ति ने बाँध दिया।

(धर्म धुरंधर, धीर, नीति में चतुर, सत्य, स्नेह, शील और सुख के समुद्र, देश, काल, समय और समाज को देखकर, नीति और प्रीति के पालक रघुनाथ ऐसे वचन बोले—)

राम : हे तात भरत! तुम धर्म की धुरी धारण करनेवाले हो, लोक और वेद के ज्ञाता तथा प्रेम में प्रवीण हो।

हे तात! कर्म, वचन और मन से निर्मल तुम्हारे समान तुम्हीं हो। गुरुजनों के समाज एवं ऐसे खराब समय में छोटे भाई के गुण कैसे कहे जा सकते हैं?

हे तात! तुम सूर्यकुल की परंपरा, सत्यप्रतिज्ञ पिता की कीर्ति और प्रीति,

समय, समाज, गुरुजनों की मर्यादा, उदासीन, हितकारी तथा अहितकारी के मन को जानते हो।

तुम्हें सभी के कर्तव्यों का तथा अपना और मेरा परम हितकारी धर्म विदित है। मुझे तुम्हारा सब प्रकार से भरोसा है तथापि समय के अनुसार कहता हूँ।

हे तात! पिता के बिना हमारी इज्जत को केवल कुलगुरु की कृपा ने ही सँभाल रखी है, नहीं तो हमारे समेत प्रजा, कुटुंब, परिवार सभी बरबाद हो जाते।

यदि बिना समय के सूर्य अस्त हो जाए तो कहो जगत् में किसको क्लेश न होगा? हे तात! विधाता ने उस प्रकार का उपद्रव किया, पर मुनि तथा मिथिलेश्वर ने सबको बचा लिया।

राज्य का सब काम, मर्यादा एवं साख, धर्म, पृथ्वी, धन, घर सभी का पालन गुरु का प्रभाव करेगा और परिणाम शुभ होगा।

समाज सहित तुम्हारा और हमारा, घर तथा वन में गुरु कृपा ही हमारा रक्षक है। माता, पिता, गुरु और स्वामी की आज्ञा समस्त धर्म-रूपी पृथ्वी को धारण करने में शेषनाग के समान है।

हे तात! तुम वही करो और मुझसे कराओ तथा सूर्यकुल के रक्षक बनो। साधक के लिए संपूर्ण सिद्धियों की देने वाली कीर्ति, सद्गति और ऐश्वर्यमय त्रिवेणी यह एक ही हैं।

इसे विचारकर भारी संकट सहकर भी प्रजा और परिवार को सुखी करो। हे भाई! मेरी विपत्ति सभी ने बाँट ली है, पर तुमको तो अवधि भर बड़ी कठिनाई है।

तुमको कोमल जानकर भी मैं कठोर बात कहता हूँ। हे तात! बुरे समय में मेरा कहना अनुचित नहीं है। बुरे स्थान पर अच्छे भाई ही सहायक होते हैं। वे तलवार के आघात को हाथ से ही रोक लेते हैं।

सेवक हाथ, पैर और आँख के समान और मालिक को मुख के समान होना चाहिए।

(भरत ने कहा कि उनके मन में एक बड़ा मनोरथ है, जो भय और संकोच से नहीं कहा जाता।)

राम : हे तात! कहो।

(प्रभु की आज्ञा पाकर भरत बोले कि वे

चित्रकूट के पवित्र स्थल, तीर्थ, वन, पक्षी, मृग, सरोवर-नदी, झरने, पर्वतों के समूह तथा विशेषत: प्रभु के चरणों से अंकित धरती को यदि आज्ञा हो तो

वे देख आएँ?

राम : अवश्य ही अत्रि मुनि की आज्ञा को शिरोधार्य करके भयरहित वन में विचरण करो। हे भाई! मुनि की कृपा से वन मंगल देनेवाला परम पवित्र और सुहावना है।

(दीनबंधु राम ने भाई के दीन और छलरहित वचन सुनकर प्रवीण राम देश, काल और अवसर के अनुसार वचन बोले।)

राम : हे तात! तुम्हारी, मेरी, परिवार की, घर की और वन की चिंता गुरु और राजा की है। हमारे सिर पर गुरुदेव, मुनि विश्वामित्र और मिथिलापति हैं, तब तुम्हें और हमें स्वप्न में भी क्लेश नहीं है।

मेरा और तुम्हारा पुरुषवत् कर्तव्य, स्वार्थ, सुयश, धर्म और परमार्थ इसी में है कि हम दोनों भाई पिता की आज्ञा का पालन करें। राज की भलाई से ही संसार और वेद दोनों में भला है।

गुरु, पिता, माता और स्वामी की शिक्षा का पालन करने से कुमार्ग पर चलने पर भी पैर गड्ढे में नहीं पड़ता। ऐसा विचारकर सब सोच त्यागकर अयोध्या जाकर पूरी अवधि तक पालन करो।

देश, कोष, कुटुंब, परिवार की जिम्मेदारी तो गुरु की चरण-रज पर है। तुम मुनि, माता और मंत्रियों की सलाह मानकर पृथ्वी, प्रजा और राजधानी का पालन करते रहना।

मुखिया मुख के समान होना चाहिए, जो खाने-पीने को तो अकेला ही है, परंतु विवेक पूर्वक सब अंगों का पालन-पोषण करता है।

राजधर्म का सार इतना ही है, जैसे मन के भीतर मनोरथ छिपा रहता है।

(राम ने भाई को बहुत प्रकार से समझाया, परंतु बिना किसी आधार के उनके मन में न संतोष हुआ न शांति।

इधर तो भरत का शील और उधर गुरु, मंत्री और समाज के संकोच ने रघुनाथ को स्नेह के विशेष वशीभूत कर दिया। आखिर प्रभु ने कृपा करके खड़ाऊँ दे दीं और भरत ने उन्हें आदरपूर्वक सिर पर रख लिया।

करुणानिधान रामचंद्र की दोनों खड़ाऊँ प्रजा के प्राणों की रक्षा के लिए जैसे दो पहरेदार हैं। भरत के प्रेम-रत्न के लिए डिब्बा है और जीव के साधन के लिए जैसे राम नाम के अक्षर हैं।)

तन, मन और वचन में प्रेम उमड़ पड़ा धैर्य की धुरी को धारण करनेवाले राम ने धैर्य, त्याग दिया। वे कमल जैसे नेत्रों से आँसू बहाने लगे। यह दशा देख

देव-सभा दुखी हो गई।

छोटे भाई लक्ष्मण सहित राम ने राजा जनक को माथा नमन करके उनकी बहुत प्रकार से विनती और बड़ाई की।)

राम : हे देव! आपने दया के वशीभूत होकर बड़ा दुःख पाया। आप समाज सहित वन में आए।

अब आशीर्वाद देकर नगर को पधारिए।

□

सीता हरण

अरण्यकांड

शबरी प्रसंग

राम का चित्रकूट से प्रस्थान

(चित्रकूट में बसकर रघुनाथ ने अनेक चरित्र किए, जो कानों में अमृत के समान हैं। फिर राम ने मन में ऐसा अनुमान किया कि उन्हें सभी ने जान लिया है। इससे वहाँ भीड़ होगी।

सब मुनियों से विदा कराके सीता सहित दोनों भाई चले। प्रभु जब अत्रि के आश्रम में गए तो सुनते ही महामुनि हर्षित हुए।

कृपा की खान राम ने मुनि से कहा—)

राम : आज्ञा हो तो दूसरे वन में जाऊँ। मुझ पर निरंतर कृपा करते रहें और अपना सेवक जानकर स्नेह न छोड़िएगा।

(फिर रघुनाथ वन में आगे चले। श्रेष्ठ मुनियों के बहुत से समूह उनके साथ हो लिए। हड्डियों का ढेर देखकर रघुनाथ को बड़ी दया आई।)

राम द्वारा राक्षस-वध की प्रतिज्ञा

(राम ने मुनियों से उसका कारण पूछा—

मुनिगणों ने कहा कि राक्षसों के दल ने सब मुनियों को खा डाला है। सुनते ही रघुवीर के नेत्रों में जल छा गया।

राम ने भुजा उठाकर प्रण किया—)

राम : मैं पृथ्वी को राक्षसों से रहित कर दूँगा।

(मुनि सुतीक्ष्ण के वचन सुनकर राम के मन को प्रिय लगे। फिर उन्होंने हर्षित होकर श्रेष्ठ मुनि को हृदय से लगा लिया।)

राम : हे मुनि! मुझे परम प्रसन्न जानो। जो वर माँगो, वही मैं तुम्हें दूँ।

राम : तुम निरंतर भक्ति, वैराग्य, विज्ञान और समस्त गुणों तथा ज्ञान के निधान हो जाओ।

(मुनि ने आगे माँगा कि छोटे भाई और सीता सहित धनुष-बाणधारी राम मेरे निष्काम हृदयरूपी आकाश में चंद्रमा की भाँति सदा निवास करें।)

राम : 'एवमस्तु'

पंचवटी-निवास

(मुनिसमूह में प्रभु सबके सामने मुख किए बैठे हैं। तब राम ने अगस्त्य मुनि से कहा—)

राम : हे प्रभु! आपसे तो कुछ छिपाव नहीं है। आप तो जानते हैं कि जिस कारण से मैं आया हूँ। हे तात! इसी से मैंने कुछ समझाकर नहीं कहा।

हे प्रभु! आप मुझे वह सलाह दें, जिस प्रकार मैं मुनि-द्रोहियों को मारूँ।

(मुनि की आज्ञा पाकर राम वहाँ से चल दिए और शीघ्र ही पंचवटी के निकट पहुँच गए।

वहाँ गृध्रराज जटायु से भेंट हुई। उसके साथ बहुत प्रकार से प्रेम बढ़ाकर प्रभु गोदावरी नदी के समीप पर्णकुटी छाकर रहने लगे।

जब से राम ने वहाँ निवास किया, तब से मुनि सुखी हो गए और उनका भय जाता रहा। पर्वत, वन, नदी और तालाब शोभा से छा गए। वे दिन-प्रतिदिन अत्यंत सुहावने होने लगे।

पक्षी और हिरणवृंद आनंदित रहते हैं। भौंरे मधुर गुंजार करते हुए शोभा पा रहे हैं। उस वन का वर्णन शेषनाग भी नहीं कर सकते, जहाँ प्रत्यक्ष राम विराजमान हैं।)

राम द्वारा लक्ष्मण को उपदेश

(एक बार प्रभु सुख से बैठे हुए थे। उस समय लक्ष्मण ने कहा कि उन्हें राम ज्ञान, वैराग्य और माया कहें और उस भक्ति को कहें, जिससे वे कृपा करते हैं और वे ईश्वर और जीवन का भेद सब समझाकर कहें, जिससे शोक, मोह तथा भ्रम दूर हो जाएँ।)

राम : हे तात! मैं थोड़े में ही सब समझाकर कहता हूँ। तुम बुद्धि, मन और चित्त लगाकर सुनो। मैं और मेरा, तू और तेरा—यही माया है। जिसने समस्त जीवों को वश में कर रखा है।

जो कुछ इंद्रियों से गोचर है और जहाँ तक मन जाता है, हे भाई उस सभी

को माया जानो। उसके भी विद्या और अविद्या इन दोनों भेद को तुम सुनो।

एक दुष्टा और अत्यंत दुःखरूपा है, जिसके वश होकर जीव संसार कुएँ में पड़ा है। एक विद्या जो संसार की रचना करती है तथा जिसके वश में गुण है, वह प्रभु से ही प्रेरित है, उसका अपना बल कुछ भी नहीं है।

ज्ञान वह है जहाँ मान-अभिमान एक भी नहीं है। वह सब में समान ब्रह्म देखता है।

हे तात! उसी को परम वैराग्यवान कहना चाहिए, जो सारी सिद्धियों और तीनों गुणों को तिनके के समान त्याग दे।

जो माया, ईश्वर और अपने को नहीं जानता, उसे जीव कहना चाहिए। जो कर्मानुसार बंधन और मोक्ष देनेवाला, सबसे परे और माया का प्रेरक है, वही ईश्वर है।

धर्म से वैराग्य और योग से ज्ञान होता है तथा ज्ञान मोक्ष का देनेवाला है। ऐसा वेदों ने वर्णन किया है। और हे भाई! जिससे मैं शीघ्र प्रसन्न होता हूँ, वह मेरी भक्ति, भक्तों को सुख देनेवाली है।

वह भक्ति स्वतंत्र है, उसको दूसरे का सहारा नहीं है। ज्ञान और विज्ञान तो उसके अधीन हैं। हे तात! भक्ति उपमारहित और सुख की जड़ है। वह तभी मिलती है जब संत अनुकूल हों।

मैं भक्ति के साधन विस्तार से कहता हूँ। यह सुगम मार्ग है, जिससे प्राणी मुझे पाते हैं। प्रथम तो ब्राह्मणों के चरणों में अत्यंत लगाव हो और वेद की रीति के अनुसार अपने-अपने कर्मों में लगा रहे।

इसका फल, फिर विषयों से विरक्त होगा। तब मेरे धर्म में प्रेम उत्पन्न होगा। तब श्रवण आदि नौ प्रकार की भक्तियाँ दृढ़ होंगी और मन में मेरी लीलाओं के प्रति अत्यंत प्रेम होगा।

संतों के चरण-कमलों में अति प्रेम हो। मन, कर्म और वचन से भजन, प्रार्थना का पक्का नियम हो और जो गुरु, पिता, माता, भाई, स्वामी और देवता सब मुझे ही जानकर सेवा में दृढ़ हो।

मेरा गुण गाते समय जिसका शरीर रोमांचित हो, वाणी, गद्गद हो जाए और नेत्रों से जल बहे, काम, घमंड और आडंबर आदि जिसमें न हों, हे तात! मैं सदा उसके वश में हूँ।

जिन्हें वचन, कर्म और मन से मेरा आश्रय है और जो कामना रहित होकर भजन करते हैं, उनके हृदय कमल में मैं सदैव विश्राम करता हूँ।

(भक्ति योग को सुनकर लक्ष्मण ने अत्यंत सुख पाया और उन्होंने प्रभु के चरणों में सिर नमन किया। इस प्रकार वैराग्य, ज्ञान, गुण और नीति कहते हुए कुछ दिन बीत गए।)

सूर्पणखा प्रकरण

(सूर्पणखा रावण की बहिन थी जो सर्पिणी के समान भयानक और दुष्ट हृदय की थी। वह एक बार पंचवटी गई और दोनों कुमारों को देखकर विकल हो गई।

सीता की ओर देखकर प्रभु ने सूर्पणखा से यह बात कही—)

राम : मेरा छोटा भाई कुमार है।

(लक्ष्मण के पास सुविधा न पाकर वह खिसियाई हुई राम के पास गई और उसने भयंकर रूप प्रकट कर लिया। सीता को भयभीत देखकर रघुनाथ ने छोटे भाई को इशारे से समझाकर कहा—

लक्ष्मण ने अत्यंत फुरती से उसको बिना नाक-कान का कर दिया, मानो उसके रावण को चुनौती दी हो।)

खर-दूषण वध

(खर-दूषण ने राम-लक्ष्मण पर आक्रमण कर दिया।)

राम : लक्ष्मण तुम जानकी को लेकर पर्वत की कंदरा में चले जाओ। राक्षसों की भयंकर सेना आ गई है। सावधान रहना।

(खर-दूषण के दूतों की बात सुनते ही राम मुस्कराकर बोले—)

राम : हम क्षत्रिय हैं। वन में शिकार करते हैं। तुम जैसे दुष्ट हिरणों को ही ढूँढ़ते फिरते हैं। हम बलवान् शत्रु को देखकर नहीं डरते। एक बार तो हम काल से भी लड़ सकते हैं।

यद्यपि हम मनुष्य हैं, पर दैत्यकुल का नाश करनेवाले, मुनियों की रक्षा करनेवाले और दुष्टों को पीड़ा देनेवाले बालक हैं। यदि ताकत न हो तो घर लौट जाओ। मैं संग्राम में पीठ दिखानेवाले किसी को नहीं मारता।

लड़ाई में चढ़ाई करके कपट-चतुराई करना और शत्रु पर कृपा करना तो बड़ी कायरता है।

(कृपानिधान राम ने क्षणभर में शत्रुओं को मार डाला।)

स्वर्ण-मृग प्रसंग

(जब रघुनाथ ने युद्ध में शत्रुओं को जीत लिया तथा देवता, मनुष्य और मुनि सब के भय नष्ट हो गए, तब लक्ष्मण सीता को ले आए।

जब लक्ष्मण कंद-मूल-फल लेने वन को गए, तब कृपा और सुख के समूह राम हँसकर जानकी से बोले—)

राम : हे प्रिये! सुंदर व्रत का पालन करनेवाली, सुशीले! सुनो, मैं कुछ मनोहर नर लीला करूँगा। मैं जब तक राक्षसों का नाश करूँ, तब तक तुम अग्नि में निवास करो।

(ज्यों ही राम ने सब समझाकर कहा, त्यों ही सीता प्रभु के चरणों को हृदय में रखकर अग्नि में समा गईं। सीता ने वहाँ अपनी छायामूर्ति रख दी, जिसका शील, रूप तथा अत्यंत विनम्रता वैसे ही थी।)

सीता ने परम सुंदर हिरन को देखा, जिसके अंग-अंग का वेष अत्यंत मन को हरनेवाला था।

सीता ने अनुरोध किया कि इस मृग की छाल बहुत ही सुंदर है। अतः इसका वध करके इसकी खाल लाइए।)

(हिरन को देखकर राम ने कमर में फेंटा बाँधा और हाथ में धनुष लेकर सुंदर बाण चढ़ाया। फिर प्रभु ने लक्ष्मण को समझाकर कहा—)

राम : हे भाई! वन में बहुत से राक्षस फिरते हैं।

तुम बुद्धि, विवेक, बल और समय का विचार करके सीता की रखवाली करना।

सीता हरण

(रघुनाथ ने छोटे भाई को आते देखकर विशेष चिंता की।)

राम : हे तात! तुमने जानकी को अकेली छोड़ दिया और मेरी आज्ञा का उल्लंघन कर यहाँ चले आए।

राक्षसों के झुंड वन में फिरते रहते हैं। मेरे मन में ऐसा आता है कि सीता आश्रम में नहीं हैं।

(छोटे भाई ने राम के चरण कमलों को पकड़कर और हाथ जोड़कर कहा कि उनका कुछ भी दोष नहीं है।

छोटे भाई सहित प्रभु राम वहाँ गए, जहाँ गोदावरी के तट पर उनका आश्रम था। आश्रम को जानकी रहित देखकर राम परेशान हुए जैसे साधारण मनुष्य असहाय होता है। वे विलाप करने लगे—)

राम : हे गुणों की खान जानकी! हे, रूप, शील, व्रत और नियमों में पवित्र सीते!

(लक्ष्मण ने बहुत प्रकार से समझाया। तब राम लताओं और वृक्षों की पंक्तियों से पूछते हुए चले।)

राम : हे पक्षियों! हे पशुओं! हे भौंरों की पंक्ति! तुमने मृगनयनी सीता को देखा है? खंजन, तोता, कबूतर, हिरण, मछली, भ्रमर-समुदाय और प्रवीण कोयल

कुंदकली, अनार, बिजली, कमल, शरद का चंद्रमा, नागिनी, वरुण का पाश, कामदेव का धनुष, हंस, हाथी और सिंह अपनी प्रशंसा सुन रहे हैं।

बेल, स्वर्ण और केला हर्षित हो रहे हैं। इनके मन में जरा भी शंका और संकोच नहीं है। हे जानकी! सुनो, आज तुम्हारे बिना ये सब ऐसे आनंदित हैं, जैसे राज पा गए हों।

तुमसे यह ईर्ष्या कैसे सही जाती है? हे प्रिये! तुम शीघ्र प्रकट क्यों नहीं होतीं?

(इस प्रकार पति राम सीता को खोजते हुए विलाप करते हैं, मानो कोई महा विरही और अत्यंत कामी हो।

आगे जाने पर उन्होंने गीधराज को पड़ा देखा। वह राम के चरणों का स्मरण कर रहा था।

कृपासागर रघुवीर ने अपने कर कमलों से उसके सिर का स्पर्श किया। शोभाधाम राम का छविपूर्ण मुख देखकर उसकी सब पीड़ा दूर हो गई।

नेत्रों में जल भरकर रघुनाथ ने कहा—)

राम : हे तात! आपने अपने कर्मों से गति पाई है। जिनके मन में दूसरे का हित बसता है, उनके लिए संसार में कुछ भी दुर्लभ नहीं है। हे तात! शरीर छोड़कर आप मेरे धाम को जाओ। क्या दूँ? तुम तो पूर्णकाम हो।

हे तात! सीताहरण की बात आप पिता से जाकर न कहिएगा। जो मैं राम हूँ तो दशमुख कुटुंबसहित वहाँ जा कर स्वयं ही कहेगा।

(वह सघन वन लताओं और वृक्षों से भरा है। उसमें बहुत से पक्षी, हिरण, हाथी और सिंह हैं। रास्ते में आते हुए कबंध राक्षस को राम ने मार दिया। उसने अपने शाप की सारी बात कही।)

राम : हे गंधर्व! सुनो, मैं तुम्हें कहता हूँ। मुझे ब्राह्मण कुल का द्रोही अच्छा नहीं लगता।

मन, कर्म और वचन से कपट छोड़कर जो ब्राह्मणों की सेवा करता है, मुझ सहित ब्रह्मा, शिव आदि सब देवता उसके वश में हो जाते हैं।

शाप देता हुआ, डाँटनेवाला और कठोर वचन कहता हुआ भी ब्राह्मण पूज्य है, ऐसा संत कहते हैं। शील और गुण से रहित ब्राह्मण भी पूज्यनीय है। गुणों के समूह से युक्त और ज्ञान में निपुण शूद्र पूज्यनीय नहीं है।

शबरी प्रसंग

(उदार राम ने कबंध की गति देकर शबरी के आश्रम में पदार्पण किया। शबरी राम को घर में आए देख एवं मुनि मतंग के वचनों को समझकर मन में प्रसन्न हुई।

शबरी की प्रार्थना सुनकर रघुनाथ ने कहा—)

राम : हे भामिनी! मेरी बात सुनो। मैं तो केवल एक भक्ति का नाता मानता हूँ।

जाति, पाँति, कुल, धर्म, बड़ाई, धन, बल, कुटुंब, गुण और चतुरता होते हुए भी भक्ति रहित मनुष्य कैसा लगता है, जैसे जलहीन बादल दिखाई पड़ता है।

मैं तुमसे अपनी नवधा भक्ति कहता हूँ। तुम सावधान होकर सुनो और मन में धारण करो। प्रथम भक्ति है संतों का सत्संग। दूसरी है मेरे कथा-प्रसंग में प्रेम।

अभिमान रहित होकर गुरु के चरण-कमलों की सेवा तीसरी भक्ति है और चौथी भक्ति है कि कपट छोड़कर मेरे गुणसमूहों का गान करें।

दृढ़ विश्वास के साथ मंत्र का जाप, यह पाँचवीं भक्ति है। जो वेद में वर्णित है। छठीं भक्ति है—इंद्रियों का दमन, शील, बहुत से कर्मों से वैराग्य और निरंतर सज्जनों के धर्म में तत्पर रहना।

सातवीं भक्ति है, संसार को समभाव मुझ में ओतप्रोत देखना और संतों को मुझसे अधिक मानना। आठवीं भक्ति है जो कुछ प्राप्त हो, उसी में संतोष करना और स्वप्न में भी दूसरों के दोष न देखना।

नवीं भक्ति है सब के साथ सीधा-सादा एवं कपट रहित व्यवहार करना, हृदय में मेरा भरोसा रखना और हर्ष और विषाद का न होना। इन नौ में से एक भी भक्ति होती है, वह स्त्री-पुरुष, जड़-चेतन कोई भी हो—

हे भामिनी! वह मेरे अत्यंत प्रिय हैं और तुम में तो सभी प्रकार की भक्तियाँ दृढ़ हैं। अतएव जो गति योगी लोगों के लिए कठिन है, वही आज तेरे लिए आसान हो गई है।

मेरे दर्शन का परम अनुपम फल यह है कि जीव अपने स्वाभाविक स्वरूप को प्राप्त हो जाता है। हे गजगामिनी कामिनी! यदि तुम जानकी की कुछ खबर जानती हो तो कहो।

राम का विरह

(राम ने उस वन को भी छोड़ दिया और आगे चले। दोनों अतुल बलवान् और मनुष्यों में सिद्ध हैं। प्रभु विरही की तरह विषाद करते हुए अनेक कथाएँ और संवाद कहते हैं—)

राम : हे लक्ष्मण! जरा वन की शोभा देखो। इसे देखकर किसका मन में क्षोभ नहीं होगा? पक्षी-पशुओं के समूह सभी स्त्री सहित मानो मेरी निंदा कर रहे हैं।

हाथी हथिनियों को साथ लगा लेते हैं, मानो वे मुझे शिक्षा देते हैं। भली-भाँति चिंतन किए हुए शास्त्र को भी बार-बार देखते रहना चाहिए। अच्छी तरह सेवा किए हुए राजा को वश में नहीं समझना चाहिए।

यद्यपि स्त्री को हृदय में रखा जाए, परंतु युवती स्त्री, शास्त्र और राजा बस में नहीं रहते। हे तात! इस सुहावने बसंत को देखो। प्रियतमा के बिना यह मुझमें भय उत्पन्न कर रहा है।

मुझे विरह से व्याकुल, बलहीन और बिल्कुल अकेला जानकर कामदेव ने वन, भौंरों और पक्षियों के साथ मुझ पर धावा बोल दिया।

जब उसका दूत मुझे भाई सहित देख गया, तब उसकी बात सुनकर कामदेव ने सेना को रोककर डेरा डाल दिया।

विशाल वृक्षों में लताएँ उलझी हुई हैं, जैसे नाना प्रकार के तंबू तान दिए हैं। केला और ताड़ ध्वज पताका हैं। इन्हें देखकर जिसका मन मोहित न हो वही धीर है।

अनेक वृक्ष नाना प्रकार से फूल हुए हैं, जैसे बहुत सी पोशाकें धारण किए हुए तीरंदाज हों। कहीं-कहीं सुंदर वृक्ष शोभा दे रहे हैं, जैसे योद्धागण अलग-अलग छावनी डाले हों।

कोयलें कूक रही हैं, मानो हाथी मतवाले हो गए हैं। सारस और महोरव पक्षी जैसे ऊँट और खच्चर हैं। मोर, चकोर, तोते और पर्वतों पर रहनेवाले हंस सब अरबी घोड़े की भाँति श्रेष्ठ तमाशा कर रहे हैं।

तीतर और बटेर पैदल सिपाहियों के झुंड हैं। कामदेव की सेना का वर्णन नहीं हो सकता। पर्वत की शिलाएँ रथ हैं और जल के झरने नगाड़े हैं। पपीहे भाट हैं, जो विरदावली का वर्णन करते हैं।

भौंरों की गुंजार भेरी और शहनाई है। तीनों प्रकार की हवा जैसे दूत का आगमन है। इस प्रकार चतुरंगिनी सेना साथ लिये कामदेव जैसे सबको चुनौती देता हुआ विचर रहा है।

हे लक्ष्मण! काम की सेना को देखकर जो धैर्यवान् बने रहते हैं, संसार में इन्हीं का नाम होता है। इस एक स्त्री का बड़ा भारी बल है। इससे जो बच जाए, वही बड़ा शूरमा है।

हे तात! काम, क्रोध और लोभ ये तीन अत्यंत प्रबल दुष्ट हैं। ये विज्ञान के धाम मुनियों के मन को क्षणभर में क्षुब्ध कर देते हैं।

लोभ को इच्छा, अहंकार को शक्ति, काम को केवल स्त्री और क्रोध को कठोर वचन का बल है। श्रेष्ठ मुनि विचारकर ऐसा कहते हैं।

अनेक वृक्ष नए-नए पत्तों और सुगंधित पुष्पों से लदे हैं जिन पर भ्रमरों की पंक्तियाँ गुँजार कर रही हैं। स्वभाव से ही शीतल, मंद, सुगंधित एवं मन को हरने वाली हवा सदा बहती रहती है।

कोयलें 'कुहू' 'कुहू' का शब्द कर रही हैं। उनकी रसीली बोली सुनकर मुनियों का ध्यान भी विचलित हो जाता है।

फलों के बोझ से सारे वृक्ष नम्र होकर पृथ्वी के पास आ गए हैं जैसे परोपकारी पुरुष उत्तम संपत्ति पाकर झुक जाते हैं।

नारद-राम संवाद

(भगवान् को विरह युक्त देखकर नारद के मन में विशेषरूप से सोच हुआ।

ऐसे प्रभु को जाकर देखूँ, फिर ऐसा अवसर न बन आएगा। यह विचारकर नारद हाथ में वीणा लिये हुए वहाँ गए, जहाँ प्रभु सुखपूर्वक बैठे हुए थे।)

राम : हे मुनि! तुम मेरा स्वभाव जानते ही हो। क्या मैं भक्तों से कभी कुछ छुपाता हूँ? मुझे ऐसी कौन सी वस्तु प्रिय लगती है, जिसे हे मुनिश्रेष्ठ! तुम

नहीं माँग सकते?

भक्त के लिए कुछ भी अदेय नहीं है। ऐसा विश्वास भूलकर भी मत छोड़ो। (तब नारद आनंद विभोर होकर बोले कि वे यह वर माँगकर धृष्टता कर रहे हैं।

यद्यपि प्रभु के अनेक नाम हैं और वेद उन्हें एक से बढ़कर एक कहते हैं पर! राम का नाम सब नामों से बढ़कर हो और पापरूपी पक्षियों के समूह के लिए यह वधिक हो।

कृपासागर रघुनाथ ने मुनि से कहा—)

राम : एवमस्तु- ऐसा ही हो।

(रघुनाथ को अत्यंत प्रसन्न जानकर नारद ने फिर कोमल वाणी से पूछा कि जब वह विवाह करना चाहते थे। तो! प्रभु ने उन्हें किस कारण विवाह नहीं करने दिया?)

राम : हे मुनि! सुनो, मैं तुमसे सहर्ष कहता हूँ। जो सब आशा-भरोसा छोड़कर मुझको ही भजते हैं।

मैं सदा उनकी वैसे ही रखवाली करता हूँ, जैसे माता बालक को रखती है। जब छोटा बच्चा अग्नि या सर्प को पकड़ने के लिए दौड़ता है तो माता उसे अलग करके बचा लेती है।

युवा हो जाने पर माता उस पुत्र पर प्रीति तो करती है, परंतु पिछली जैसी बात नहीं रहती। ज्ञानी मेरे सयाने पुत्र के समान हैं और मानरहित दास शिशु पुत्र के समान हैं।

मेरे अनुयायी को मेरा बल रहता है और ज्ञानी को अपना बल रहता है। पर काम, क्रोध रूपी शत्रु तो दोनों के लिए हैं। यह विचार कर पंडितजन मुझे भजते हैं और ज्ञान प्राप्त होने पर भी भक्ति को नहीं छोड़ते।

काम, क्रोध, अहंकार और लोभ आदि मोह की शक्तिशाली सेना है। इनमें माया रूपी स्त्री अत्यंत कठिन दु:ख देनेवाली है।

हे मुनि! सुनो, पुराण, वेद और संत कहते हैं कि मोहरूपी वन के लिए स्त्री बसंत है। जप, तप, नियमरूपी जलाशयों को स्त्री ग्रीष्म रूप होकर पूरा सोख लेती है।

काम-क्रोध, घमंड और ईर्ष्या आदि मेढक हैं। इनको वर्षा होकर हर्ष प्रदान करनेवाली यही है। बुरी वासनाएँ श्वेत कमल के फूलों का समूह हैं। उनको यह सदा सुख देनेवाली शरद ऋतु है।

समस्त धर्म कमलों के समूह हैं। यह मंद सुख देनेवाली स्त्री हिम ऋतु

होकर उन्हें जला डालती है। फिर ममतारूपी कँटीले पेड़ों का समूह स्त्रीरूपी शिशिर ऋतु को पाकर हरा-भरा हो जाता है।

पापरूपी उल्लुओं के समूह के लिए स्त्री सुख देनेवाली घोर अँधेरी रात है। बुद्धि, बल, शील और सत्य सब मछलियाँ हैं और स्त्री उनको फँसाने के लिए काँटे के समान है। कुशल व्यक्ति ऐसा कहते हैं।

अवगुणों की जड़, पीड़ा देनेवाली और सब दुःखों की खान है। हे मुनि! इस कारण मन में ऐसा जानकर तुमको दूर किया था।

(नारद ने फिर रघुवीर से संतों के लक्षण जानना चाहे।)

राम : हे मुनि! सुनो, मैं संतों के गुणों को कहता हूँ, जिनके कारण मैं उनके वश में रहता हूँ।

संत छह विकारों अर्थात् काम, क्रोध, लोभ, मोह, मद और डाह को जीते हुए, पाप रहित, कामना रहित, चंचलता रहित, सर्वत्यागी, पवित्र, सुख के धाम, असीम ज्ञानवान्, इच्छा रहित, अल्पाहारी, सत्य के साररूप, कवि, पंडित, योगी

सावधान, दूसरों को मान देनेवाले, अभिमान रहित धैर्यवान्, धर्म की गति में अत्यंत निपुण,

गुणों के घर, संसार के दुःखों से रहित और संदेह से हीन होते हैं, जिनको मेरे चरण-कमलों को छोड़कर न शरीर प्रिय होता है और न ही अपना घर।

अपने गुण सुनने में सकुचाते हैं, दूसरों के गुण सुनने से विशेष हर्षित होते हैं। सम और शांत हैं तथा नीति का कभी त्याग नहीं करते। सरल स्वभाव होते हैं और सभी से स्नेह रखते हैं।

वे जप, तप, व्रत, दम, संयम और नियम में रत रहते हैं। वे गुरु, गोविंद तथा ब्राह्मणों के चरणों में प्रेम रखते हैं। उनमें श्रद्धा, क्षमा, मैत्री, दया, प्रसन्नता और मेरे चरणों में कपट रहित प्रेम होता है।

उन्हें वैराग्य, विवेक, नम्रता, विज्ञान और वेद-पुराण का यथार्थ ज्ञान होता है। वे पाखंड, अभिमान और मद कभी नहीं करते और भूलकर भी कुमार्ग पर पैर नहीं रखते।

सदा मेरी लीलाएँ गाते और सुनते हैं और बिना कारण परोपकार में लगे रहते हैं। हे मुनि! सुनो, साधुओं के जितने गुण हैं, उनको सरस्वती और वेद भी नहीं कह सकते।

शारदा और शेष भी नहीं कह सकते।

□

किष्किंधाकांड

पटुआ शैली : हनुमान मिलन

राम-हनुमान मिलन

(ऋष्यमूक पर्वत के निकट ब्राह्मण रूप धरकर कपि हनुमान वहाँ गए और सिर नवाकर पूछने लगे कि वे साँवले और गोरे शरीरवाले कौन दो क्षत्रिय के रूप में वन में फिर रहे थे।)

राम : हम कोसलराज दशरथ के पुत्र हैं। हम पिता का वचन मानकर वन आए हैं। राम–लक्ष्मण हम दोनों भाइयों के नाम हैं। साथ में सुंदर सुकुमारी स्त्री थी।

यहाँ राक्षस ने जानकी को हर लिया। हे ब्राह्मण, हम उसे ही खोजते फिरते हैं। हमने तो अपना चरित्र कह सुनाया। हे विप्र! अपनी कथा समझाकर कहो।

(प्रभु को पहचानकर हनुमान उनके चरण पकड़ कर पड़ गए।

तब रघुनाथ ने उन्हें उठाकर अपने हृदय से लगा लिया और अपने नेत्रों के जल से सींचकर तृप्त कर दिया।)

राम : हे कपि! सुनो, जी में अपने को कम नहीं मानो। तुम मुझ लक्ष्मण से दूने प्रिय हो। सब कोई मुझे समदर्शी कहते हैं, पर मुझे सेवक प्रिय हैं, क्योंकि मुझे छोड़ कर उसका कोई दूसरा सहारा नहीं होता।

हे हनुमंत! अनन्य वही है, जिसकी ऐसी मति नहीं टलती कि वह सेवक है और यह जड़ चेतन संसार उसके स्वामी भगवान् का रूप है।

राम और सुग्रीव

राम : हे सुग्रीव! तुम किस कारण वन में रहते हो, मुझसे कहो।

सेवक का दुःख सुनकर दीनों पर दया करनेवाले राम की दोनों विशाल भुजाएँ फड़क उठीं।

राम : हे सुग्रीव! सुनो, मैं एक ही बाण से बालि को मारूँगा। ब्रह्मा और शिव की शरण में जाने पर उसके प्राण न बचेंगे?

जो मित्र के दुःख से दुखी नहीं होते, उन्हें देखने से ही बड़ा पाप लगता है। अपने पर्वत तुल्य दुःख को धूल तुल्य और मित्र के धूल के समान दुःख को सुमेरू पर्वत के समान जानें।

जिनमें ऐसी बुद्धि स्वाभाविक ही नहीं प्राप्त है, वे दुष्ट हठ करके क्यों मित्रता करते हैं?

मित्र का कर्तव्य है कि मित्र को बुरे मार्ग से हटाकर अच्छे मार्ग पर चलाए। उसके गुण प्रकट करे और दुर्गुणों को छुपाए।

लेन-देन में मन में शंका न रखे। अपनी शक्ति के अनुसार सदा हित करता रहे। विपत्ति के समय सौ गुना स्नेह करे। वेद कहते हैं कि अच्छे मित्र के यही लक्षण हैं।

जो सामने तो बनाकर मीठे वचन कहता है, पीछे बुराई करे और मन में कुटिलता रखता है तथा जिसका मन साँप की चाल जैसा है, हे भाई, ऐसे कुमित्र को तो त्यागने में ही भलाई है।

मूर्ख सेवक, कंजूस राजा, बुरी स्त्री और कपटी मित्र ये चारों पीड़ा देनेवाले हैं। हे मित्र! मेरे बल पर चिंता छोड़ दो। मैं तुम्हारे काम सब प्रकार से करूँगा।

(फिर सुग्रीव ने दुन्दुभि राक्षस की हड्डियाँ और ताड़ के वृक्ष दिखाए, जिनको राम ने आसानी से हटा दिया।

अपार बल देखकर प्रीति बढ़ गई और उसे विश्वास हुआ कि ये बालि का वध करेंगे।)

(बालि के वध के लिए सुग्रीव के संदेह को दूर करते हुए राम ने विश्वास दिलाया—)

राम : जो कुछ कहा है, वह सभी सत्य है। हे सखा! मेरा वचन झूठ नहीं होगा।

बालि-वध

(सुग्रीव को साथ लेकर और हाथों में धनुष-बाण धारण करके रघुनाथ चले। तब रघुपति ने सुग्रीव को बालि के पास भेजा। वह बल पाकर बालि के पास जाकर गरजा। दोनों भिड़ गए। बालि ने सुग्रीव को बहुत धमकाया और घूँसा मारकर बड़े

जोर से गरजा। तब सुग्रीव व्याकुल होकर भागा। घूँसे की चोट उसे वज्र के समान लगी।)

राम : तुम दोनों भाइयों का एक सा ही रूप है। इसी भ्रम से मैंने उसे नहीं मारा।

(फिर राम ने सुग्रीव के शरीर को हाथ से स्पर्श किया, जिससे उसका शरीर वज्र हो गया और सारी पीड़ा जाती रही।

राम ने गले में फूलों की माला डाल दी और पुनः उसे भारी बल देकर भेजा। फिर दोनों में अनेक प्रकार की लड़ाई हुई। रघुराजा वृक्ष की आड़ में देख रहे थे।

तब राम ने बाण तानकर बालि के हृदय के बीच में मारा।

बाण के लगते ही बालि व्याकुल होकर पृथ्वी पर गिर पड़ा। प्रभु को आगे देखकर वह फिर उठ बैठा। श्याम शरीर है, सिर पर जटा बनाए हैं, लाल नेत्र हैं और धनुष पर बाण चढ़ाए हुए हैं।)

बालि ने पूछा उसे राम ने व्याध की तरह क्यों मारा?)

राम : हे दुष्ट! सुन, छोटे भाई की पत्नी, बहिन, पुत्र की स्त्री और कन्या चारों समान हैं। उनको जो बुरी दृष्टि से देखता है, उसका वध करने से कुछ पाप नहीं होता।

अरे मूर्ख! तुझे अत्यंत घमंड है। तूने अपनी स्त्री के सिखाने पर भी ध्यान नहीं दिया। रे नीच अभिमानी! उसको मेरे बाहुबल के आश्रित जानकर भी तूने उसे मारना चाहा।

(राम ने फिर भी बालि को अपने लोक भेज दिया।)

बालि की स्त्री को सांत्वना

(तारा को व्याकुल देखकर रघुनाथ ने उसे ज्ञान दिया और उसका अज्ञान दूर किया।)

राम : पृथ्वी, जल, अग्नि, आकाश और वायु इन पाँचों से यह अत्यंत अधम शरीर बना है।

वही प्रत्यक्ष शरीर तुम्हारे आगे सोया हुआ है। जीव नित्य है। फिर तुम किसके लिए रो रही हो?

(जो जानते हुए भी ऐसे प्रभु को त्याग देते हैं, वे मनुष्य क्यों न विपत्ति के जाल में फँसें? राम ने सुग्रीव को बुला लिया और बहुत प्रकार से राजनीति सिखाई।)

राम : हे वानरपति सुग्रीव! सुनो, मैं चौदह वर्ष तक किसी नगर में नहीं जाऊँगा। ग्रीष्म ऋतु बीतने पर वर्षा ऋतु आ गई है। मैं पास के पर्वत पर छप्पर बनाकर रहूँगा।

तुम अंगद सहित राज्य करो। मेरे काम का सदा हृदय में ध्यान रखना। जब सुग्रीव घर लौट आए, तब राम प्रवर्षण पर्वत पर जा टिके।

राम द्वारा वर्षा और शरद ऋतु का वर्णन

राम छोटे भाई लक्ष्मण से भक्ति, वैराग्य, राजनीति और ज्ञान की अनेक कथाएँ कहते हैं।

राम : हे लक्ष्मण! देखो, मोरों के समूह बादलों को देखकर नाच रहे हैं, जैसे वैराग्य में अनुरक्त गृहस्थ विष्णु भक्त को देखकर हर्षित होते हैं।

आकाश में बादल गर्व से घोर गर्जन कर रहे हैं। प्रियतमा के बिना मेरा मन डर रहा है। बिजली की चमक बादलों में नहीं रहती जैसे दुष्ट की प्रीति स्थिर नहीं रहती।

बादल पृथ्वी के पास आकर बरस रहे हैं, जैसे विद्या पाकर विद्वान नम्र हो जाते हैं। बूँदों की चोट पर्वत कैसे सहते हैं, जैसे दुष्टों के वचन संत सहते हैं।

छोटी नदियाँ भरकर वेग से चल रही हैं। जैसे दुष्ट लोग थोड़ा धन पाकर अपना घमंड दिखाते हैं। जमीन पर पड़ते ही पानी गँदला हो जाता है, जैसे जीव से माया लपट गई हो।

जल सिमिट-सिमिटकर तालाबों में भर रहा है, जैसे सद्‌गुण सज्जन के पास चले आते हैं। नदी का जल समुद्र में जाकर स्थिर हो जाता है, जैसे जीव हरि को पाकर अचल हो जाता है।

घास से परिपूर्ण पृथ्वी हरी हो गई है जिससे मार्ग नहीं समझ पड़ता जैसे पाखंड-विवाद से उत्तम ग्रंथ लुप्त हो जाते हैं।

चारों दिशाओं में मेंढकों की ध्वनि ऐसी सुहावनी लगती है, मानो ब्रह्मचारियों के समुदाय वेद पढ़ रहे हों। अनेक वृक्षों में नए पत्ते आ गए हैं, जैसे साधक का मन विवेक प्राप्त हो जाने पर हो जाता है।

मदार और जवासा बिना पत्ते के हो गए जैसे अच्छे शासन में दुष्टों का अधम जाता रहता है। ढूँढ़ने से धूल कहीं नहीं मिलती, जैसे क्रोध धर्म से दूरी कर देता है।

अन्न से संपन्न पृथ्वी कैसी शोभित हो रही है, जैसे परोपकारी की संपत्ति।

रात्रि के घने अंधकार में जुगनू विद्यमान हैं, जैसे दंभियों का समाज आ जुटा हो।

भारी वर्षा में खेतों की क्यारियाँ फूट चली हैं, जैसे स्वतंत्र होने से नारियाँ बिगड़ जाती हैं। चतुर किसान खेतों को निदा रहे हैं जैसे विद्वानगण मोह, पद और मान का त्याग कर देते हैं।

चक्रवाक पक्षी दिखाई नहीं पड़ते जैसे कलियुग पाकर धर्म भाग जाता है।

ऊसर में वर्षा होती है, पर वहाँ घास तक नहीं उगती जैसे हरि भक्ति के हृदय में काम नहीं उत्पन्न होता।

विभिन्न प्रकार के जीवों से पृथ्वी शोभित है, जैसे सुराज्य पाकर प्रजा की वृद्धि होती है। जहाँ-तहाँ अनेक पथिक थककर ठहरे हुए हैं जैसे ज्ञान उत्पन्न होने पर इंद्रियाँ शिथिल हो जाती हैं।

कभी वायु प्रबल वेग से बहने लगती है, जिससे बादल जहाँ-तहाँ लुप्त हो जाते हैं जैसे कुपुत्र के जन्म से कुल के श्रेष्ठ धर्म नष्ट हो जाते हैं।

कभी दिन में घोर अंधकार छा जाता है और कभी सूर्य प्रकट हो जाते हैं, जैसे कुसंग पाकर ज्ञान नष्ट हो जाता है और अच्छा संग पाकर उत्पन्न हो जाता है।

हे लक्ष्मण! देखो, वर्षा बीतने पर परम सुहावनी शरद ऋतु आ गई है। फूले हुए काँस से सारी पृथ्वी छा गई मानो वर्षा ऋतु ने अपना बुढ़ापा प्रकट किया है।

अगस्त्य तारे ने उदय हो रास्ते के जल को सोख लिया, जैसे संतोष लोभ को सोख लेता है। नदियों और तालाबों का निर्मल जल ऐसे शोभित है, जैसे मद और मोह से रहित संतों का हृदय।

धीरे-धीरे नदी और तालाबों का जल सूख रहा है, जैसे ज्ञानी ममता का त्याग करते हैं। शरद ऋतु जानकर खंजन पक्षी आ गए जैसे समय पाकर उत्तम सद्कर्म आ जाते हैं।

कीचड़ और धूल के बिना धरती ऐसी शोभित हो रही है, जैसे नीति-कुशल राजा की करनी। जल के कम हो जाने से मछलियाँ व्याकुल हो गईं, जैसे अज्ञानी कुटुंबी धनरहित होने से।

बिना बादलों के आकाश ऐसा निर्मल शोभित हो रहा है, जैसे हरिजन सब आशाओं को छोड़कर शोभित होते हैं। कहीं-कहीं शरद ऋतु की थोड़ी वर्षा हो रही है, जैसे कोई एक मेरी भक्ति पाता है।

राजा विजय के लिए, तपस्वी तप के लिए, व्यापारी वाणिज्य के लिए और भिखारी भिक्षा के लिए हर्षित होकर नगर छोड़कर चले, जैसे हरिभक्ति पाकर चारों आश्रमवाले श्रमों को त्याग देते हैं।

जो मछली अथाह जल में है, वह सुखी है जैसे हरि शरण में एक भी बाधा नहीं रहती। कमलों के फूलने से तालाब कैसे शोभा दे रहा है, जैसे निर्गुण ब्रह्म सगुण होने पर होता है।

भ्रमर अनुपम शब्द करते हुए गूँज रहे हैं तथा सुंदर पक्षी नाना प्रकार की ध्वनि कर रहे हैं। रात्रि देखकर चकवे के मन में वैसे ही दुःख हो रहा है, जैसे दूसरे की संपत्ति देखकर दुष्ट को होता है।

पपीहा रट लगाए है, उसको अत्यंत प्यास है जैसे शिव-द्रोही सुख नहीं पाता। शरद ॠतु की तपन को रात में चंद्रमा हर लेता है जैसे संतों के दर्शन से पाप दूर हो जाते हैं।

चकोरों का झुंड चंद्रमा को देखकर ऐसे निहार रहा है, जैसे हरिभक्त हरि को पाकर निहारता है। मच्छर और डाँस ठंड के डर से गायब हो गए जैसे ब्राह्मण का विद्रोह करने से कुल का नाश हो जाता है।

भूमि पर जो जीव मर गए थे, वे शरद ॠतु को पाकर चले गए जैसे श्रेष्ठ गुरु मिल जाने पर संदेह और भ्रम के समूह नष्ट हो जाते हैं।

वर्षा बीत गई, निर्मल ॠतु आ गई। परंतु हे तात! सीता की कोई खबर नहीं मिली। एक बार कैसे भी पता पाऊँ तो काल को भी जीतकर पलभर में उन्हें ले आऊँगा।

कहीं भी रहे पर यदि वह जीवित होगी तो हे तात! यत्न करके मैं उसे अवश्य लाऊँगा। सुग्रीव ने मेरी सुधि भुला दी, क्योंकि वह राज्य, खजाना, नगर और स्त्री पा गया।

जिस बाण से मैंने बाली को मारा था, उसी बाण से कल उस मूर्ख को मारूँ।

(लक्ष्मण ने जब प्रभु को क्रुद्ध जाना तो धनुष चढ़ाकर हाथ में बाण ले लिए। तब दया की सीमा राम ने छोटे-भाई को समझाया।)

राम : हे तात! मित्र सुग्रीव को भय दिखाकर ले आओ।

लक्ष्मण का सुग्रीव पर क्रोध

(तत्पश्चात् लक्ष्मण नगर में आए। उनका क्रोध देखकर बंदर जहाँ-तहाँ भागे।

तब अंगद आदि वानरों को साथ लेकर तथा राम के छोटे भाई लक्ष्मण को आगे करके सुग्रीव हर्षित होकर चले और जहाँ रघुनाथ थे, वहाँ आए।

चरणों में सिर नवाकर और हाथ जोड़कर क्षमा याचना की।

तब रघुनाथ मुसकराकर बोले—)

राम : हे भाई! तुम मुझे भरत जैसे प्रिय हो। अब मन लगाकर वही यत्न करो जिस उपाय से सीता का पता चले।

(कार्य का विचार करके राम ने हनुमान को अपने पास बुलाया। उन्होंने अपने कर-कमलों से उनके सिर का स्पर्श किया तथा अपना जन जानकर उन्हें अपने हाथ की अँगूठी दी।)

राम : बहुत तरह से सीता को समझाना तथा मेरा बल और विरह कहकर तुम शीघ्र लौट आना।

□

सीता की खोज

सुंदरकांड

लंका दहन

लंकादहन के पश्चात्

राम : हे तात! कहो, जानकी किस प्रकार रहती और अपने प्राणों की रक्षा करती है?

वचन, शरीर और मन से जिसको मेरा ही आश्रय है, उसे क्या स्वप्न में भी विपत्ति हो सकती है?

वचन, शरीर और मन से जिसको मेरा ही आश्रय है, उसे क्या स्वप्न में भी विपत्ति हो सकती है?

हे वानर! सुन; तेरे समान मेरा उपकारी कोई देवता, मनुष्य, मुनि अथवा शरीरधारी नहीं है। मैं तुम्हारा क्या प्रत्युपकार करूँ? मेरा मन भी तुम्हारे सामने नहीं हो सकता।

हे पुत्र! सुन, मैंने मन में विचार करके देख लिया कि मैं तुझसे उऋण नहीं हो सकता।

हे हनुमान! कहो तो रावण द्वारा पाली हुई लंका और उसके अत्यंत अनोखे किले को किस तरह जलाया?

राम-सुग्रीव संवाद

राम : कूच करने की तैयारी करो।

अब देरी किस कारण की जाए? वानरों को तुरंत आज्ञा दें।

(सुग्रीव ने राम को सूचित किया कि रावण का भाई विभीषण उनसे मिलने आया है।)

राम : हे मित्र! तुम क्या समझते हो?

(सुग्रीव ने विभीषण को बाँधने की सलाह दी)

राम : हे मित्र! तुमने नीति तो अच्छी विचारी, पर मेरा प्रण तो शरणागत के भय को हरना है।

जो अपना अहित विचारकर शरण में आए हुए का त्याग कर देते हैं, वे मनुष्य नीच हैं, पापी हैं और उन्हें देखने में हानि है।

जिसे करोड़ों ब्राह्मणों की हत्या लगी हो, शरण आने पर मैं उसे भी नहीं त्यागता। ज्यों ही जीव मेरे सम्मुख होता है, त्यों ही उसके करोड़ जन्मों के पाप नष्ट हो जाते हैं।

पापी का यह सहज स्वभाव होता है कि मेरा भजन उसे कभी नहीं अच्छा लगता। यदि विभीषण दुष्ट हृदय होता तो क्या वह मेरे सम्मुख आ सकता था?

जो व्यक्ति निर्मल मन का होता है, वही मुझे पाता है। मुझे कपट और छल छिद्र नहीं सुहाते। यदि रावण ने भेद लेने भेजा है, तब भी हे सुग्रीव! कुछ भी डर या नुकसान नहीं है।

हे मित्र! संसार में जितने भी राक्षस हैं, लक्ष्मण क्षणभर में उन्हें मार सकते हैं। यदि वह डरकर शरण में आया है तो मैं उसे प्राणों की तरह रखूँगा।

दोनों ही स्थितियों में उसे ले आओ।

राम द्वारा विभीषण को शरणागति

राम : हे लंकेश! परिवार सहित अपनी कुशल कहो। तुम्हारा निवास बुरे स्थान पर है। दिन-रात दुष्टों की मंडली में बसते हो। हे सखा! तुम्हारे धर्म का कैसे निर्वाह होता है? मैं तुम्हारा सब आचार-विचार जानता हूँ। तुम न्याय में अत्यंत निपुण हो और तुम्हें खराब आचरण अच्छा नहीं लगता।

हे तात! नरक में रहना परंतु अच्छा है, पर विधाता दुष्ट का संग न दे।

हे सखा! सुनो, मैं अपना स्वभाव कहता हूँ, जिसे काकभुशुंडि, शिव और पार्वती जानते हैं। जो मनुष्य जड़-चेतन का द्रोही हो, वह भी भयभीत होकर मेरी शरण तककर मेरे पास आए और मद, मोह तथा नाना प्रकार के छल-कपट त्याग दे तो मैं उसे तुरंत साधु के समान कर देता हूँ। माता, पिता, भाई, पुत्र, स्त्री, शरीर, धन, भवन, मित्र और परिवार इन सब ममतारूपी तागों की अच्छी डोरी बटकर अपने मन को मेरे चरणों में बाँध देता है, जो समदर्शी है, जिसे कुछ इच्छा नहीं है और जिसके मन में हर्ष, शोक और भय नहीं है।

ऐसे सज्जन मेरे कैसे बसता है, जैसे लोभी के हृदय में धन निवास करता है।

तुम जैसे संत ही मुझे प्रिय हैं। मैं अन्य किसी के कृतज्ञतावश शरीर धारण नहीं करता हूँ।

जो सगुण उपासक हैं, दूसरे के हित में लगे हैं, आचरण और नियमों में दृढ़ हैं और जिन्हें ब्राह्मणों के चरणों से प्रेम है, वे मनुष्य मेरे प्राणों के समान हैं।

हे लंकापति! सुनो, तुम में समस्त गुण हैं, इससे तुम मुझे अत्यंत प्रिय हो।

(विभीषण ने राम की पवित्र भक्ति माँगी)

राम : हे मित्र! यद्यपि तुम्हारी इच्छा नहीं है, पर संसार में मेरा दर्शन निष्फल नहीं जाता।

राम द्वारा समुद्र पार

राम : हे वीर, वानरराज सुग्रीव और लंकापति विभीषण! सुनो, यह गहरा समुद्र किस प्रकार पार किया जाए? यह मगर, साँप और मछलियों की जातियों से भरा हुआ अत्यंत अथाह और सब प्रकार से कठिन है।

हे मित्र! तुमने अच्छा उपाय बताया। यही किया जाए यदि देव सहायक हों। यह राय लक्ष्मण के मन को न रूची। राम के वचन सुनकर उन्होंने बहुत दुःख पाया।

राम : ऐसा ही करेंगे। मन में धैर्य रखो।

राम : बिना भय के प्रीति नहीं होती। लक्ष्मण धनुष-बाण लाओ। मैं अग्निबाण से समुद्र को सोख लूँगा। दुष्ट से नम्रता, कुटिल के साथ प्रीति, स्वभाव से कंजूस से सुंदर नीति,

ममता में अनुरक्त से ज्ञान-कथन, अत्यंत लोभी से वैराग्य का वर्णन, क्रोधी से शांति और कामी से हरि कथा कहने से वैसा ही फल होता है जैसे ऊसर में बीज बोने से होता है।

(समुद्र फिर राम की आज्ञा मानने को तैयार हो गया।)

राम : हे समुद्र! जिस प्रकार वानरों की सेना पार उतरे, वह उपाय कहो।

(राम अब किस कार्य के लिए विलंब हो रहा है? सेतु बाँधो जिससे सेना उतरे।)

□

लंकाकांड

लक्ष्मण को शक्ति लगना

राम द्वारा शिव की स्थापना

राम : यह धरती अत्यंत रमणीय और उत्तम है। इसकी अपार महिमा का वर्णन नहीं किया जा सकता। मैं यहाँ शिव की स्थापना करूँगा। मेरे हृदय में यह बड़ी परिकल्पना है।

शिव के समान मुझे कोई दूसरा प्रिय नहीं है।

जो शिवद्रोही मेरा भक्त कहलाता है, वह मनुष्य स्वप्न में ही मुझे नहीं पाता है। शंकर से विमुख होकर जो मेरी भक्ति चाहता है, वह नारकीय, मूर्ख और मंदबुद्धि है।

जिनको शंकर प्रिय हैं पर मेरे विरोधी हैं एवं जो शिव के विरोधी हैं और मेरे प्रिय हैं, वे मनुष्य कल्पपर्यंत नरक में निवास करते हैं।

जो रामेश्वर का दर्शन करेंगे, वे शरीर त्यागकर मेरे धाम को जाएँगे। जो गंगाजल लाकर इनपर चढ़ाएगा, वह मनुष्य मेरे साथ एक हो जाएगा।

जो निष्काम होकर और छल छोड़कर रामेश्वर की सेवा करेंगे, उन्हें शंकर मेरी भक्ति देंगे। जो मेरे बनाए सेतु का दर्शन करेगा, वह बिना ही परिश्रम के संसार रूपी समुद्र से तर जाएगा।

सुबेल पर्वत पर राम की सेना का पड़ाव

राम : चंद्रमा को तो देखो। कैसा सिंह के समान निडर है।

यह पूर्व दिशा रूपी पर्वत की गुफा में रहनेवाला, अत्यंत प्रतापी, तेजस्वी और बल का भंडार चंद्रमा रूपी सिंह अंधकार रूपी मतवाले हाथी के मस्तक को विदीर्ण करके आकाश रूपी वन में विचर रहा है।

आकाश में बिखरे हुए तारे मोतियों के समूह हैं, जो रात्रिरूपी सुंदर स्त्री के शृंगार हैं। भाइयो! चंद्रमा में जो कालापन है, वह क्या है? अपने-अपने विचारों के

अनुसार कहो।

विष चंद्रमा का अत्यंत प्रिय भाई है। इसी से उसने अपने हृदय में निवास दे रखा है। विषयुक्त अपने किरण समूह को फैलाकर वह वियोगी स्त्री-पुरुषों को जलाता रहता है।

विभीषण! दक्षिण दिशा की ओर देखो। बादल घमंड से उमड़ रहे हैं और बिजली चमक रही है। भीषण बादल मीठे-मीठे स्वर से गरज रहा है। कहीं कठोर ओलों की वर्षा न हो।

हे मंत्रीगण! शीघ्र कहिए कि क्या उपाय करना चाहिए?

रावण-सभा में अंगद

राम : हे बुद्धि, बल और गुणों के धाम बालिपुत्र! तात! मेरे काम के लिए लंका जाओ।

तुम्हें बहुत समझाकर क्या कहूँ। मैं जानता हूँ कि तुम परम चतुर हो। शत्रु से वही बातचीत करना, जिससे हमारा काम हो और उसका भला हो।

(रावण के गिर पड़ने पर अंगद ने उसके कुछ मुकुट फेंक दिए)

हे वानरगण : हृदय में डरो नहीं। ये न उल्का है, न वज्र है और न केतु या राहू है। ये तो दशकंधर के मुकुट हैं, जो बालिपुत्र अंगद के फेंके हुए हैं।

हे बालि के पुत्र! मुझे बड़ी उत्सुकता है। इसी से तुमसे पूछता हूँ। हे तात! सत्य कहना। जो रावण राक्षसों के कुल का शिरोमणि है और जिसके अतुलनीय बाहुबल की संसार में धाक है।

उसके चार मुकुट तुमने फेंके। हे तात! कहो, तुमने उनको किस प्रकार पाया।

(जब शत्रु के सब समाचार प्राप्त हो गए, तब राम ने पूछा)

हे मंत्रीगण : लंका के चार विकट दरवाजे हैं। किस प्रकार घेरा जाए, इस पर विचार करो।

लक्ष्मण-मेघनाथ युद्ध

राम : लक्ष्मण कहाँ है? (युद्ध में मेघनाथ ने अपनी शक्ति चला दी, जिससे लक्ष्मण को मूर्च्छा आ गई)

हे पवनपुत्र! औषधि लेने जाओ।

राम : आधी रात बीत चुकी, पर हनुमान नहीं आए।

राम विलाप

राम : आधी रात बीत चुकी, पर हनुमान नहीं आए। राम ने छोटे भाई को उठाकर हृदय से लगा लिया।

हे लक्ष्मण तुम मुझे कभी दुःखी नहीं देख सकते थे। हे भाई! तुम्हारा स्वभाव सदा ही कोमल था। मेरे हित के लिए तुमने पिता-माता को भी छोड़ दिया और वन में जाड़ा, गरमी और हवा सहन की।

हे भाई! वह प्रेम अब कहाँ है? मेरे व्याकुलता के वचन सुनकर उठते क्यों नहीं? यदि मैं जानता कि वन में भाई का वियोग होगा तो पिता के वह वचन भी नहीं मानता।

पुत्र, धन, स्त्री, घर, परिवार संसार में बार-बार होते और जाते हैं परंतु संसार में अपना और सगा भाई नहीं मिलता। हे तात! हृदय में ऐसा विचारकर जागो।

जैसे बिना पंख के पक्षी, मणि बिना सर्प और सूँड के बिना श्रेष्ठ हाथी अत्यंत दयनीय हो जाता है, हे भाई! मेरा जीवन भी तुम्हारे बिना ऐसा ही होगा यदि कहीं जड़ दैव मुझे जीवित रखे।

स्त्री के लिए प्यारे भाई को खोकर मैं कौन-सा मुँह लेकर अवध जाऊँगा? मैं संसार में बदनामी भले ही सह लेता। स्त्री की हानि कोई विशेष क्षति नहीं होती।

हे पुत्र! अब तो मेरा निष्ठुर और कठोर हृदय यह अपयश और तेरा शोक दोनों ही सहन करेगा। हे तात! तुम अपनी माता के अद्वितीय पुत्र और उसके प्राणाधार हो।

सब प्रकार से सुख देनेवाला और परम हितकारी जानकर उसने तुम्हारा हाथ पकड़कर मुझे सौंपा था। मैं उसे जाकर क्या उत्तर दूँगा? हे भाई! तुम उठकर सिखाते क्यों नहीं?

कुंभकर्ण-युद्ध

(कुंभकर्ण ने वानर-सेना को तितर-बितर कर दिया, तब राम स्वयं उसका सामना करने के लिए बढ़े)

राम : हे सुग्रीव! हे विभीषण! हे लक्ष्मण! सुनो, तुम सेना को सँभालना। मैं इस दुष्ट के बल और सेना को देखता हूँ।

मेघनाथ-वध

हे भाइयो! सब लोग लक्ष्मण के साथ जाओ और जाकर यज्ञ को विध्वंस करो। हे लक्ष्मण! तुम संग्राम में उसे मारना। देवताओं को भयभीत देखकर मुझे बड़ा दु:ख है।

हे भाई! सुनो, उसके ऐसे बल और बुद्धि के उपाय से मारना, जिससे राक्षस का नाश हो। हे जामवंत, सुग्रीव और विभीषण! तुम तीनों लोग सेना सहित साथ रहना।

राम-गीता

(विभीषण ने पूछा कि राम के पास न रथ है तथा न ही कवच, तो वे कैसे बलवान् रावण को जीतेंगे?)

राम : हे मित्र! सुनो, जिससे जय होती है, वह रथ दूसरा ही है।

पराक्रम और धैर्य उस रथ के पहिए हैं। सत्य और सदाचार उसकी मजबूत ध्वजा और पताका हैं। बल, विवेक, इंद्रिय नियंत्रण तथा परोपकार इसके चार घोड़े हैं, जो क्षमा, कृपा और समता की रस्सी से जुड़े हुए हैं।

ईश्वर का स्मरण बुद्धिमान सारथी है। वैराग्य ढाल और संतोष तलवार है। दान फरसा है, बुद्धि प्रचंड शक्ति है और श्रेष्ठ विज्ञान कठिन धनुष है।

निर्मल और अचल मन तरकश के समान है, जिसमें मन को वश में करना, अहिंसा और नियम बहुत से बाण हैं। ब्राह्मण और गुरु का सम्मान अभेद्य कवच है। इसके समान विजय का दूसरा उपाय नहीं है।

हे सखा! ऐसा युक्त रथ जिसका हो, उसे जीतने के लिए कहीं कोई भी शत्रु नहीं है।

हे स्थिर बुद्धिवाले सखा! सुनो, जिसका ऐसा मजबूत रथ हो, वह वीर दुर्जय संसार शत्रु को भी जीत सकता है।

रावण के साथ युद्ध

राम : हे भाई मन में समझो। तुम काल के भक्षक और देवताओं के रक्षक हो।

हे वीरों! तुम सब बहुत थक गए हो, इसलिए अब द्वंद्व युद्ध देखो।

और रावण तुम्हारी सब प्रभुता सच है। अब व्यर्थ बकवास न करो, अपना पुरुषार्थ दिखाओ।

व्यर्थ बकवास न करके अपने अच्छे यश का नाश न करो। क्षमा करो, नीति सुनो। संसार में तीन प्रकार के पुरुष हैं—जो गुलाब, आम और कटहल के समान हैं। एक फूल देते हैं, एक फूल और फल दोनों देते हैं और एक में केवल फल ही लगते हैं। इसी प्रकार एक कहते हैं, दूसरे कहते और करते भी हैं और तीसरे केवल करते हैं, परंतु जुबान से कहते नहीं।

(एक बार घायल होकर रावण दोबारा राम से युद्ध करने आया। तब भीषण युद्ध के बाद राम के एक बाण ने रावण के नाभि के अमृत-कुंड को सोख लिया और फिर रावण को धराशायी कर दिया।)

हे विभीषण : सब शोक छोड़कर अंत्येष्टि क्रिया करो।

विभीषण का राजतिलक

राम : तुम, वानरराज, अंगद, नल, नील, जामवंत और हनुमान नीति-निपुण सब मिलकर विभीषण के साथ जाओ और राजतिलक कर दो। पिता के वचन के कारण मैं नगर में नहीं आऊँगा, पर अपने ही समान वानर और छोटे भाई को भेजता हूँ।

राम द्वारा कृतज्ञता ज्ञापन

राम : हे समस्त वानर, भालूगण एवं विभीषण! तुम्हारे ही बल से यह शत्रु मारा गया और विभीषण ने राज्य पाया। यह तुम्हारा यश तीनों लोकों में नित्य नया बना रहेगा। मेरे सहित जो लोग तुम्हारी शुभ कीर्ति को परम प्रेम के साथ गाएँगे, वे मनुष्य बिना ही प्रयत्न के इस अपार संसार सागर को पार पा जाएँगे।

सीता-राम मिलन

राम : हे हनुमान! तुम लंका जाओ। जानकी को समाचार सुनाओ और उनका कुशल समाचार लेकर तुम चले आओ।

हे विभीषण और अंगद : पवनपुत्र हनुमान के साथ जाओ और आदर के साथ जानकी को ले आओ।

मेरा कहना मानो। हे मित्र! सीता को पैदल ले आओ, जिससे वानर उनको माता की भाँति देखें।

दशरथ का स्वर्ग से प्रकटन

राम : हे तात! यह सभी आपके पुण्यों का प्रभाव है, जो मैंने अजेय राक्षसराज को जीत लिया।

(पुत्र के वचन सुनकर उनकी प्रीति अत्यंत बढ़ गई। नेत्रों में आँसू छा गए और रोएँ खड़े हो गए।)

इंद्र से अनुरोध

राम : हे इंद्र! सुनो, हमारे वानर-भालुओं जिनको राक्षसों ने मार दिया है तथा भूमि पर पड़े हैं। इन्होंने मेरे हितार्थ प्राण त्यागे हैं। हे सज्जन देवराज! इन सभी को जीवित कर दो।

भरत की प्रेम दशा का स्मरण

राम : हे विभीषण! सुनो, तुम्हारा खजाना और घर सब मेरा है। यह बात सच है, पर भरत की दशा याद करके मुझे पल-पल काल के समान बीत रहा है।

वह तपस्वी वेश में दुर्बल शरीर से निरंतर मुझे जप रहा है। हे मित्र! वह उपाय करो, जिससे मैं उसे शीघ्र देखूँ। मैं तुमसे अनुरोध करता हूँ।

यदि अवधि बीत जाने पर जाता हूँ तो अपने वीर भाई को जीता न पाऊँगा।

(छोटे भाई भरत की प्रीति का स्मरण करके प्रभु का शरीर बार-बार पुलकित हो रहा है।)

विभीषण को सलाह

राम : तुम कल्पभर राज्य करना और मन में मेरा स्मरण करते रहना। फिर

तुम मेरे धाम को पाओगे जहाँ सब जाते हैं।

हे सखा विभीषण! सुनो, विमान पर चढ़कर आकाश में जाकर वस्त्रों और गहनों को बरसा दो।

वानरों-भालुओं को विदाई

राम : तुम्हारे ही बल से मैंने रावण को मारा और फिर विभीषण का राजतिलक किया।

अब तुम सब अपने-अपने घर जाओ। मेरा स्मरण करते रहना और किसी से नहीं डरना।

पुष्पक विमान से पथ का वर्णन

राम : हे सीता। रणभूमि देखो। यहाँ लक्ष्मण ने इंद्र को जीतनेवाले मेघनाथ को मारा था। हनुमान और अंगद द्वारा मारे हुए ये भारी राक्षस रणभूमि में पड़े हैं। देवताओं और मुनियों को दुःख देनेवाले कुंभकर्ण और रावण दोनों भाई यहाँ मारे गए। यहाँ सेतु बाँध और सुख के धाम शिव की स्थापना की।

(यह कहकर कृपानिधान राम ने सीता सहित महादेव को प्रणाम किया।)

हे सीता! गंगा-यमुना को प्रणाम करो।

फिर तीर्थराज प्रयाग को देखो जिसके दर्शन से करोड़ जन्मों के पाप भाग जाते हैं। फिर परम पवित्र त्रिवेणी के दर्शन करो, जो शोक को हरनेवाली और हरि के धाम पहुँचने की सीढ़ी है।

फिर अति पवित्र अयोध्यापुरी के दर्शन करो, जो तीनों प्रकार के तापों और सांसारिक रोगों का नाश करनेवाली है।

□

राम-रावण युद्ध

उत्तरकांड

अयोध्या का वर्णन

हनुमान को अयोध्या भेजना

राम : तुम ब्रह्मचारी का रूप धरकर अवधपुरी जाओ। भरत को हमारी कुशल सुनाना और उनका समाचार लेकर चले आना।

अयोध्या का वर्णन

राम : हे सुग्रीव! हे अंगद! हे लंकापति विभीषण! सुनो। यह नगर पवित्र है और यह देश सुंदर है।

यद्यपि सभी ने वैकुंठ का बखान किया है—यह वेद-पुराणों में विख्यात है और संसार जानता है, परंतु अवधपुरी के समान वह भी मुझे प्रिय नहीं है। यह बात कोई-कोई ही जानते हैं।

यह सुहावनी पुरी मेरी जन्मभूमि है। इसकी उत्तर दिशा में पवित्र सरयू बहती है, जिसमें स्नान करने से मनुष्य बिना प्रयास के मेरे पास निवास पा जाते हैं।

यहाँ के निवासी मुझे बहुत ही प्रिय हैं। यह पुरी मेरे धाम को देनेवाली और सुख की राशि है।

पुष्पक विमान को लौटाना

राम : तुम कुबेर के पास जाओ।

वशिष्ठ से भेंट

राम : आपकी ही दया से हमारी कुशल है।

हे मित्रों! मुनि के चरणों में लगो। गुरू वशिष्ठ हमारे कुलपूज्य हैं। इन्हीं की कृपा से राक्षस रण में मारे गए।

हे मुनि! सुनिए। ये सब मेरे मित्र हैं, जो संग्राम रूपी समुद्र में मेरे लिए जहाजी बेड़ा हो गए। मेरे हित में इन्होंने अपने जन्म तक हार दिए। ये मुझे भरत से भी अधिक प्रिय हैं।

सेवकगण! जाकर पहले मेरे मित्रों को स्नान कराओ।

वानरों और निषाद की विदाई

राम : तुम लोगों ने मेरी बड़ी सेवा की है। मुँह पर किस प्रकार तुम्हारी बड़ाई करूँ?

मेरे स्वार्थ के लिए तुम लोगों ने घरों तथा सुखों को त्यागा। उससे तुम मुझे अत्यंत प्रिय लग रहे हो। छोटे भाई, राज्य संपत्ति, सीता, अपना शरीर, घर, कुटुंब और मित्र ये सभी मुझे प्रिय हैं, पर तुम्हारे समान नहीं। मैं झूठ नहीं कहता, यह मेरी टेक है। यह नीति है कि सेवक सबको प्रिय होता है पर मेरा तो दास पर अधिक प्रेम रहता है।

हे मित्र! अब सभी घर जाओ। मुझे दृढ़ नियमों से याद करते रहना। मुझे सदा सर्वव्यापक और सबका हित करनेवाला जानकर अत्यंत प्रेम करना।

हे निषादराज! तुम भी घर जाओ। मेरा स्मरण करते रहना और मन, वचन तथा कर्म से धर्म के अनुसार चलना।

तुम मेरे मित्र हो और भरत समान भाई हो। सदैव अयोध्या आते-जाते रहना।

सनकादिक मुनियों का आगमन

राम : हे मुनिश्वरों! सुनिए, आज सनकादिक मुनियों का आगमन पर मैं धन्य हूँ। आपके दर्शन से पाप क्षीण हो जाते हैं। बड़े भाग्य से सत्संग प्राप्त हुआ, जिससे बिना परिश्रम के संसार का आवागमन नष्ट हो जाता है।

संत का मोक्ष का और कामी का संग संसार की ओर ले जाने का मार्ग है। संत, कवि, पंडित, वेद, पुराण तथा सद्ग्रंथ ऐसा कहते हैं।

संत-असंतों के लक्षणों का निरूपण

राम : हे हनुमान! कहो, क्या बात है?

(हनुमान ने कहा कि भरत कुछ पूछना चाहते हैं, पर मन में सकुचाते हैं।)

राम : तुम तो मेरा स्वभाव जानते हो। भरत और मेरे बीच कभी कोई भेद रहा?

राम : हे भाई! सुनो, संतों के अगणित लक्षण हैं, जो वेद और पुराणों में प्रसिद्ध हैं।

संतों और असंतों की करनी ऐसी है जैसे कुल्हाड़ी और चंदन का आचरण होता है। हे भाई! सुनो, कुल्हाड़ी चंदन को काटती है, किंतु चंदन अपना गुण देकर उसमें सुगंधि बसा देता है।

इसी से चंदन देवताओं के सिरों पर चढ़ता है और जगत् का प्रिय है और कुल्हाड़ी के मुख को यह दंड मिलता है कि उसको आग में जलाकर फिर घन से पीटते हैं।

संत विषयों में लिप्त नहीं होते, शील और गुणों की खान होते हैं। उन्हें पराया दुःख देखकर दुःख और सुख देखकर सुख होता है। वे समता रखते हैं। उनका कोई शत्रु नहीं होता। वे मद रहित और वैराग्यवान होते हैं तथा लोभ, क्रोध, हर्ष और भय का त्याग किए हुए रहते हैं।

उनका चित्त कोमल होता है, वे दीनों पर दया करते हैं तथा मन, वचन और कर्म से मेरी निष्कपट भक्ति करते हैं। सबको सम्मान देते हैं, पर स्वयं मानरहित होते हैं। हे भरत! वे संतजन प्राणी मेरे प्राणों के समान हैं।

वे कामना रहित और मेरे नाम के परायण, शांति, वैराग्य, विनती और प्रसन्नता के घर होते हैं। उनमें शीतलता, सरलता, मैत्री भाव और ब्राह्मणों के चरणों में प्रीति होती है, जो धर्म को उत्पन्न करनेवाली है।

हे तात! ये सब लक्षण जिसके हृदय में बसते हैं, उसको सदा सच्चा संत जानना। जो मन के निग्रह, इंद्रियों के निग्रह, नियम और नीति से कभी विचलित नहीं होते और कभी कठोर वचन नहीं बोलते।

जिन्हें निंदा और प्रशंसा दोनों समान हैं और मेरे चरणकमलों में जिनकी ममता है, वे गुणों के मंदिर और सुख की राशि सज्जन मुझे प्राणों के समान प्रिय हैं।

अब असंतों अर्थात् दुष्टों का स्वभाव सुनो। उनकी भूलकर भी कभी संगति न करें। उनका संग सदा दुःख देनेवाला होता है, जैसे कि चुराकर खेत खानेवाली गाय कपिला गाय को नष्ट कर डालती है।

दुष्टों के हृदय में अत्यधिक जलन बनी रहती है। वे दूसरों की संपत्ति देखकर सदा जलते रहते हैं। वे जहाँ कहीं दूसरे की निंदा सुन पाते हैं, ऐसे हर्षित होते हैं मानो रास्ते में पड़ा खजाना पा लिया हो।

वे काम, क्रोध, मद और लोभ में लीन, निर्दयी, कपटी, कुटिल और पापों के घर होते हैं। बिना कारण सबसे वैर करते हैं। जो भलाई करता है, उसके साथ भी बुराई करते हैं।

उनका झूठा ही लेना और झूठा ही देना होता है। उनका झूठा ही भोजन होता है और झूठा ही चबेना होता है। उनका हृदय ऐसा कठोर होता है कि महाविषैले साँप को खा जाते हैं।

वे दूसरों से विरोध करते हैं और पराई स्त्री, पराये धन तथा परायी निंदा में आसक्त रहते हैं। वे नीच और पापमय मनुष्य नर-शरीर धारण किए हुए भी राक्षस हैं।

लोभ ही उनका ओढ़ना और लोभ ही बिछौना होता है। मैथुन और उदर-पूर्ति में लगे उन्हें यमपुर का भय नहीं रहता। यदि किसी की बड़ाई सुनते हैं तो ऐसी साँस लेते हैं जैसे उन्हें जूड़ी आ गई है।

जब किसी की विपत्ति देखते हैं तो ऐसे सुखी होते हैं मानो संसार के राजा हो गए हों। वे स्वार्थ-तत्पर, परिवारवालों के विरोधी, काम और क्रोध के कारण लंपट और अत्यंत क्रोधी होते हैं।

वे माता, पिता, गुरू और पंडित को नहीं मानते। आप तो नष्ट हुए ही रहते हैं, दूसरों को भी नष्ट करते हैं। मोहवश दूसरों से द्रोह करते हैं। उन्हें न संतों का संग अच्छा लगता है, न ईश्वर की कथा ही अच्छी लगती है।

वे अवगुणों के समुद्र, मंदबुद्धि, कामी, वेदों का मजाक बनानेवाले और पराए धन के स्वामी होते हैं। वे विद्वानों से द्रोह तो करते ही हैं, पर दूसरों से विशेष द्रोह करते हैं। उनके मन में दंभ और कपट है, जबकि ऊपर से वे सुंदर वेश धारण किए रहते हैं।

ऐसे नीच और दुष्ट मनुष्य सतयुग और त्रेता में नहीं होते। द्वापर में कुछ होंगे, पर कलियुग में उनके झुंड होंगे।

हे भाई! दूसरों की भलाई के समान कोई धर्म नहीं है और दूसरों को कष्ट पहुँचाने के समान कोई नीचता नहीं है। हे तात! समस्त पुराणों और वेदों का निर्णय मैंने किया, जिसे पंडित लोग जानते हैं।

मनुष्य का शरीर धारण करके जो दूसरों को कष्ट पहुँचाते हैं, उनको संसार के महान् कष्ट सहने पड़ते हैं। मनुष्य मोहवश, स्वार्थ परायण होकर अनेक पाप करते हैं, इसी से उनका परलोक नष्ट हो जाता है।

हे भाई! मैं उनके लिए कालस्वरूप हूँ और उनके अच्छे और बुरे कर्मों का फल देनेवाला हूँ। ऐसा विचार कर जो लोग परम चतुर हैं, वे संसार को दुःखस्वरूप जानकर मुझे ही भजते हैं।

इसी से अच्छे-बुरे फलों को देनेवाले कर्मों को त्यागकर देवता, मनुष्य और मुनियों के नायक मुझे भजते हैं। मैंने संतों और असंतों के गुण कहे। जिन लोगों ने इन गुणों को परख रखा है, वे संसार-बंधन में नहीं पड़ते

हे तात! सुनो, माया से रचे हुए अनेक गुण और दोष हैं। विवेक इसी में है कि दोनों का ही न देखा जाए, इन्हें देखना ही अज्ञान है।

राम का प्रजा को संदेश

राम : हे समस्त नगरवासियों! मेरी बात सुनो। मैं हृदय में कुछ ममत्त्व लाकर नहीं कहता हूँ। न अनीति कहता हूँ और न इसमें कुछ बड़प्पन है। सुनो और यदि तुम्हें अच्छी लगे तो उसे करो।

वही मेरा सेवक है और बड़ा प्यारा है, जो मेरी आज्ञा माने। हे भाई! यदि मैं कुछ अनीति का उच्चारण करूँ तो भय भुलाकर मुझे रोक देना।

बड़े भाग्य से यह मनुष्य शरीर पाया है। सब ग्रंथों ने कहा है कि शरीर देवताओं को भी दुर्लभ है। यह साधनों का भंडार और मोक्ष का द्वार है। इसे पाकर भी जिसने परलोक नहीं बना लिया वह परलोक में दुःख पाता है, सिर पीट-पीटकर पछताता है तथा काल पर, कर्म पर और ईश्वर पर मिथ्या दोष पाता है।

हे भाई! यह शरीर विषय भोग नहीं है। स्वर्ग का भोग भी थोड़ा है और अंत में दुःख देनेवाला है। अतः जो लोग मनुष्य-शरीर पाकर विषयों में मन लगा देते हैं, वे मूर्ख अमृत को पलटकर विष ले लेते हैं।

जो पारसमणि गँवाकर घुँघची ले लेता है, उसको कोई कभी भला नहीं कहता। यह अविनाशी जीव चारों खानों और चौरासी लाख योनियों में चक्कर लगाता रहता है।

माया की प्रेरणा से काल, कर्म, स्वभाव और गुणों से घिरा हुआ यह सदा भटकता रहता है। बिना कारण प्रेम करनेवाले ईश्वर कभी दया करके इस मनुष्य का शरीर देते हैं।

यह शरीर मनुष्य का भवसागर के लिए जहाजी बेड़ा है। मेरी कृपा अनुकूल पवन है। सद्‌गुरू इस मजबूत जहाज का कर्णधार है। इस प्रकार दुर्लभ साधन सुलभ होकर उसे प्राप्त हो गए हैं।

जो मनुष्य ऐसा समाज पाकर भी भवसागर न तरे, वह कृतघ्न और मंदबुद्धि है तथा आत्महत्या करनेवाले की गति को प्राप्त होता है।

यदि परलोक और यहाँ सुख चाहते हो तो मेरे वचन सुनकर उन्हें हृदय में दृढ़ता से पकड़े रखो। हे भाई! यह मेरी भक्ति का सुलभ और सुखदायक मार्ग है। पुराण और वेद ने इसे गाया है।

ज्ञान दुर्गम है। उसमें अनेक विघ्न हैं। उसका साधन कठिन है और उसमें मन के लिए कोई सहारा नहीं है। बहुत कष्ट करने पर कोई उसे पाता है। वह भी भक्तिरहित मुझे प्रिय नहीं है।

भक्ति स्वतंत्र है और सब सुखों की खान है, परंतु सत्संग के बिना प्राणी इसे नहीं पाते। पुण्य-समूह के बिना संत नहीं मिलते। सत्संगति ही संसार का जन्म-मरण चक्र का अंत करती है।

संसार में एक ही पुण्य है, दूसरा नहीं। वह है—मन, कर्म और वचन से विद्वानों के चरणों की पूजा करना। जो कपट त्याग करके पंडित की सेवा करता है, उस पर मुनि और देवता प्रसन्न रहते हैं।

और भी एक गुप्त मत सबसे हाथ जोड़कर कहता हूँ कि शंकर के भजन के बिना मनुष्य मेरी भक्ति नहीं पाता।

कहो, भक्ति मार्ग में कौन सा प्रयास है? इसमें न योग, न यज्ञ, जप, तप और न उपवास की आवश्यकता है। सरल स्वभाव हो, मन में कुटिलता न हो और लाभ के अनुसार सदा संतोष रखे।

मेरा दास कहलाकर यदि कोई मनुष्यों की आशा करता है, तो कहो, उसका क्या विश्वास करूँ? बहुत बात बढ़ाकर क्या कहूँ? हे भाई! मैं तो

इसी आचरण के वश में हूँ।

न किसी से शत्रुता, न लड़ाई झगड़ा करे, न आशा रखे, न भय ही करे। उसके लिए सभी दिशाएँ सदा सुखमयी हैं। जो उद्‌घाटन रहित, घर-विहीन, मानहीन, पापहीन और क्रोधहीन है वह दक्ष और विज्ञानी है।

सज्जनों के संसर्ग में जिसे सदा प्रेम है जिसे स्वर्ग का विषय सुख और मुक्ति तिनके के समान है, जो भक्ति के पक्ष में हठ करता है पर मूर्खता नहीं करता तथा जिसने दुष्ट तर्कों को दूर बहा दिया है।

जो मेरे गुण समूह और नाम में संलग्न हैं एवं ममता, घमंड तथा मोह रहित हैं, उसका सुख वही जानता है, जो परमानंद राशि को प्राप्त है तथा अकथनीय हैं।

काकभुशुंडि को वरदान

राम : हे काकभुशुंडि! मुझे अत्यंत प्रसन्न जानकर वर माँग। अणि मादिक सिद्धियाँ, दूसरी ऋद्धियाँ तथा सब सुखों की खान मोक्ष, ज्ञान, विवेक, वैराग्य, विज्ञान और अनेक गुण जो संसार में मुनियों के लिए भी दुर्लभ हैं, वे सब मैं आज दूँगा, इसमें संदेह नहीं। जो तेरे मन में अच्छा लगे, वह माँग ले।

(काकभुशुंडि ने राम से उनकी निरंतर और विशुद्ध भक्ति माँगी)

भक्ति का उपदेश

राम : 'एवमस्तु' हे काक! सुन, तू स्वभाव से ही चतुर है। ऐसा वरदान कैसे न माँगता?

तूने सब सुखों की खान भक्ति माँग ली। विश्व में तेरे समान बड़भागी कोई नहीं है। जो मुनि जाप और अग्नि में शरीर जला डालते हैं और करोड़ यत्न करके भी नहीं पाते।

तेरी चतुरता देखकर मैं रीझ गया। तूने भक्ति माँगी जो मुझे अत्यंत प्रिय है। हे पक्षी! सुन, मेरी कृपा से अब समस्त गुण तेरे हृदय में बसेंगे।

भक्ति, ज्ञान, विज्ञान, योग एवं चरित्र के रहस्य एवं उनके भाग, तू सबके भेद मेरी कृपा से जान जाएगा। तुझे साधन का कोई कष्ट नहीं होगा।

माया से उत्पन्न सब भ्रम अब तुझको नहीं व्यापेंगे। मुझे अनादि, अजन्मा, निर्गुण और गुणों की खान ब्रह्म जानना।

हे काक! सुन, मुझे भक्त निरंतर प्रिय हैं। ऐसा विचारकर शरीर, वचन और मन से मेरे चरणों में अटल प्रेम करना।

अब मेरी परम निर्मल वाणी सुन जो सत्य, सुगम और वेदादि ने वर्णित की है। मैं 'तुझे अपना सिद्धांत' सुनाता हूँ। सुनकर मन में धारण कर और सब त्यागकर मेरा भजन कर।

यह संसार मेरी माया से ही संभव है। इसमें जड़-चेतन और अनेक प्रकार के जीव हैं। वे सभी मुझे प्रिय हैं क्योंकि सभी मेरे उत्पन्न किए हुए हैं। पर मनुष्य मुझे सबसे अधिक अच्छे लगते हैं।

मनुष्यों में भी द्विज! द्विजों में भी वेद ज्ञाता, उनमें भी वेद द्वारा कहे धर्म पर चलनेवाले, उनमें भी वैराग्यवान् मुझे प्रिय हैं। वैराग्यवानों में फिर ज्ञानी और ज्ञानियों से अधिक विज्ञानी प्रिय हैं।

फिर विज्ञानियों से भी प्रिय मुझे अपना दास है जिसे मेरा ही आश्रय है, कोई दूसरी आशा नहीं हैं। मैं तुझसे बार-बार सत्य कहता हूँ कि मुझे अपने सेवक के समान प्रिय कोई भी नहीं है।

भक्तिहीन ब्रह्मा ही क्यों न हों, वह मुझे सब जीवों के समान ही प्रिय हैं। पर भक्ति सहित अत्यंत नीच प्राणी भी मुझे प्राणों, के समान प्रिय हैं। यह मेरी घोषणा हैं।

पवित्र, सुशील और उत्तम बुद्धिवाला सेवक कहो किसको प्यारा नहीं लगता? वेद और पुराण ऐसी ही नीति कहते हैं। हे काग! सावधान होकर सुन।

एक पिता के बहुत से पुत्र पृथक-पृथक गुण, शील और आचरणवाले होते हैं। कोई पंडित, कोई तपस्वी, कोई ज्ञानी, कोई धनी, कोई शूरवीर, कोई दानी,

कोई सर्वज्ञ और कोई धर्मपरायण होता है। पिता का प्रेम सभी पर समान होता है। इनमें कोई वचन, मन और कर्म से पिता का भक्त होता है, स्वप्न में भी दूसरा धर्म नहीं जानता। वह पुत्र पिता को प्राणों से प्रिय होता है चाहे वह मूर्ख ही हो। इसी प्रकार तीनों लोकों में देवता, मनुष्य और राक्षसों सहित जड़-चेतन जीव जीते हैं।

यह संपूर्ण विश्व मेरे यत्न से ही है। अतः सभी पर मेरी समान दया है। इनमें जो घमंड और माया छोड़कर मन, वचन और शरीर से मुझे याद करता है।

वह पुरुष हो, नपुंसक हो, स्त्री हो अथवा जड़-चेतन कोई भी जीव हो, जो कपट छोड़कर जो पूर्ण समर्पण भाव से मुझे भजता है, वही मुझे अतिशय प्रिय है।

हे पक्षी! मैं तुझसे सत्य कहता हूँ कि पवित्र सेवक मुझे प्राणों के समान प्रिय है। ऐसा विचार कर सब आशा-भरोसा त्याग कर मुझे ही भज।

तुझे काल कभी नहीं असर करेगा। निरंतर मेरा स्मरण और भजन करते रहना।

□

परिशिष्ट

रामचरितमानस का वैशिष्ट्य

तुलसीकृत रामचरितमानस एक ऐसा अद्‌भुत महाकाव्य है जिसके समकक्ष विश्व में अन्य कोई महाकाव्य नहीं है। जहाँ रामचरितमानस के धीरोदात्त नायक राम का चरित्र जन्म से मृत्युपर्यंत मानव-जीवन के लिए आदर्श है, दूसरी ओर यह महाकाव्य व्यक्ति के जीवन के प्रत्येक मोड़ को संस्पर्श करता है। सामान्यत: राम जैसे राजा का कथानक राजमहल से लेकर युद्धक्षेत्र तक सिमट जाता। पर रामचरितमानस के फलक पर राम निषाद, कोल, भील, किरात एवं आदिवासियों के साथ रहते हैं, उन जैसा खाते हैं तथा उन जैसी झोपड़ियों में रहते हैं। यहाँ तक कि उन्होंने वनवासी वानर-भालुओं को साथ लेकर उस समय के सबसे शक्तिशाली तथा अनाचारी शासक रावण का अंत किया। ऐसे साधनहीन पर परमवीर नायक की कथा शायद ही अन्यत्र मिले।

इस महान् ग्रंथ के रचयिता गोस्वामी तुलसीदास पग-पग पर मनुष्यों को जीवन सफल बनाने के सूत्र देते हैं—

उदाहरणार्थ:

जहाँ सुमति तहँ संपत्ति नाना। जहाँ कुमति तहँ बिपति निदाना॥

सुंदरकांड, दो. 39 (3)

अर्थात् जहाँ अच्छी सोच है वहाँ संपत्ति आती है और जहाँ खराब सोच है वहाँ विपत्ति आती है। वे अन्यत्र कहते हैं—'करम प्रधान विश्व रचि राखा।'

पारिवारिक सौहार्द के लिए 'मानस' में सैकड़ों सूत्र हैं—''मिलइ न जगत सहोदर भ्राता।''

तुलसी ने भरत को राम से भी बढ़कर माना। जब अयोध्या का राज्य प्राप्त होने पर भी उन्होंने फुटबाल की भाँति उसे राम की ओर फेंक दिया। यह राम की महानता है कि उन्होंने भी राज्य को लात मार दी।

सैनिकों के लिए रामचरितमानस में संदेश है—

"सन्मुख मरन वीर कै सोभा"

योद्धा वही है जो सामने आकर मरे। राम द्वारा बालि को छिपकर मारना आज भी विवादास्पद है।

दूसरी ओर सहजानंद सरस्वती ने पूर्वी उत्तर प्रदेश में किसानों और खेतिहरों को रामचरितमानस की चौपाइयाँ सुनाकर शक्तिशाली ब्रिटिश साम्राज्य के विरुद्ध उन्हें खड़ा कर दिया।

"राम निकाई रावरी है, सब ही को नीक" अर्थात् ईश्वर सभी के लिए समान है।

अतः रामचरितमानस रूपी गंगा बह रही है। जो सौद्देश्य मनुष्य इसकी धारा में जैसे ही हाथ लगाएँगे, उनके हाथों में कल्याणकारी मणि आ जाएगी।

रामराज्य की मानस में जो अवधारणा है, वह आज भी प्रासंगिक है। रामराज्य में सभी व्यक्ति परोपकारी हैं। सभी पुरुष एक पत्नीव्रती हैं तथा स्त्रियाँ मन, वचन और कर्म से पति का हित करनेवाली हैं। यहाँ तक कि पशु-पक्षी, वृक्ष, पौधे, नदियाँ, सरोवर, सागर, गायें, चंद्रमा तथा सूर्य अपने अपने कर्तव्य का निर्वाह करते हैं। रामराज्य में असमानता नहीं होती।

"राम प्रताप विषमता खोई।"

वस्तुतः यही आदर्श महात्मा गाँधी ने अपने स्वतंत्रता-संघर्ष में सामने रखा।

दूसरी ओर रामचरितमानस में कलियुग का वर्णन करके सभी को सचेत किया गया है—

'कुलवती और सती स्त्री को पुरुष घर से निकाल देते हैं और घर में दासी को ला रखते हैं।' (उत्तरकांड, दो 100 (2))

सभी मनुष्य स्त्रियों के वश में हैं और बाजीगर के बंदर की तरह नाचते हैं। (उत्तरकांड, सो. 98 ख (1))

'राजा लोग पाप में लग गए, उनमें धर्म नहीं रहा। वे प्रजा को नित्य ही दंड देकर उनकी हालत खराब करते हैं।'(उत्तरकांड, दो. 100 ख (3))

ज्ञात होता है कि तुलसीदास के घोर कलियुग के आने में अभी देरी है। क्यों न हम तुलसी के मार्ग पर चलकर उसे आने ही न दें? जो मर्ज जानता है, वही इलाज कर सकता है। तुलसी के अनुसार कलियुग में केवल राम का गुण गा-गाकर ही मनुष्य बिना परिश्रम के संसार-सागर को पार कर सकता है।

जहाँ रामचरितमानस में विचारों की उदात्तता, अनुभव की गहराई, समाज के मानस में पैठ करके समाज को नीतिपरक पथ पर चलने की सलाह तथा वेद-पुराण एवं शास्त्रसम्मत धर्म की स्थापना निहित है, वहाँ कथा की तर्कसंगत संयोजना, शब्दों की आँखमिचौनी तथा काव्य-शैली का विराट विस्तार है।

रामचरितमानस में संस्कृत श्लोकों को तो पढ़कर ज्ञात होता है कि तुलसी की कलम से वेदव्यास, भवभूति या कालिदास लिख रहे हैं। पर शिव के आदेश पर उन्होंने प्रभु राम की जन्मभूमि अयोध्या में जाकर अवधी में रामचरितमानस की रचना की। भविष्यत् पुराण में कहा गया है—

'हे देवी पार्वती! कलियुग में वाल्मीकि तुलसीदास हो जाएँगे तथा वे जनभाषा में रामकथा रचेंगे।'

(प्रतिसर्ग, 4.20)

अवधी के माध्यम से उन्होंने आधुनिक हिंदी की नींव डाल दी। देखिए एक दोहे में ही समुद्र के कितने नाम दिए—

बांध्यो बननिधि नीरनिधि जलधि सिंधु बारीस।
सत्य तोयनिधि कंपति उदधि पयोधि नदीश॥

(लंकाकांड, दो. (5))

चंद्रमा, सूर्य, राम, हनुमान, शिव, रावण के तो अगणित नाम आए हैं जोकि संपूर्ण संस्कृत वाङ्मय से लिए गए हैं।

रामचरितमानस में सभी रसों का सम्मिश्रण है। वीर और वीभत्स रस का मानो लंकाकांड स्रोत ही है। मानस में उपमाओं और रूपक अलंकारों की विशेषत: यह है कि वे सामान्य जन के आँगन में सजे हैं, कृषकों के खेत-खलिहानों में खिल रहे हैं तथा कोई भी व्यक्ति किसी समय उन्हें आत्मसात कर सकता है। यही कारण है कि रामचरितमानस भारत के सभी वर्गों में लोकप्रिय है।

यह ठीक नहीं कि तुलसीदास ने राम को केवल मर्यादा, शील तथा वीरता तक सीमित कर दिया। राम के विरह का वर्णन करते हुए तुलसी कालिदास के 'मेघदूत' को छू गए। राम कहते हैं—

'नारि सहित सब खग मृग बृंदा। मानहुँ मोरि करत हहिं निंदा॥

(अरण्यकांड, दो 36 (2))

अर्थात् पक्षी और पशुओं के समूह सभी स्त्री सहित हैं, मानो वे मेरी निंदा कर रहे हैं।

'हे तात! इस वसंत को देखो। प्रिया के बिना मुझको यह भय उत्पन्न कर रहा है।'

(अरण्यकांड, दो. 36 (5))

'हाथी हथिनियों को साथ लगा लेते हैं।'

(अरण्यकांड, दो 36 (4))

इसी प्रकार विवाह के पूर्व राम और सीता की प्रथम दृष्ट्या प्रेम-मुग्धता का अपूर्व वर्णन है।

यहाँ तक कि राम के बचपन को उत्तरकांड में रखकर वात्सल्य रस के प्रवाह की कमी को पूरा कर दिया गया है।

अतः रामचरितमानस जैसी संपूर्ण कालजयी साहित्यिक, आध्यात्मिक, सामाजिक तथा सांस्कृतिक कृति से उसके धीरोदात्त नायक द्वारा उच्चरित मोती बटोरकर उन्हें यथार्थ रूप में प्रस्तुत करना किसी भी साहित्य के अध्येता के लिए गौरव का कार्य है।

□□□